The New Series of Law Thinking

法学新思维文丛

本书由海南师范大学提供部分资助

环境犯罪严格责任研究

HUANJING FANZUI
YANGE ZEREN YANJIU

周兆进／著

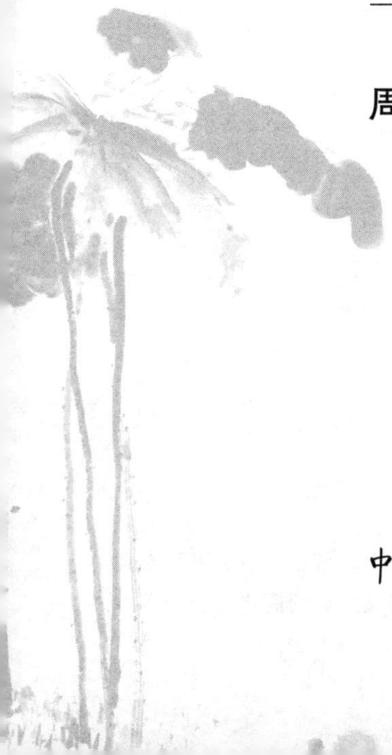

中国检察出版社

图书在版编目（CIP）数据

环境犯罪严格责任研究/周兆进著. —北京：中国检察出版社，2018.12

ISBN 978－7－5102－2224－5

Ⅰ.①环… Ⅱ.①周… Ⅲ.①破坏环境资源保护罪－研究
Ⅳ.①D914.36

中国版本图书馆 CIP 数据核字(2018)第 280958 号

环境犯罪严格责任研究

周兆进 著

出版发行：中国检察出版社
社 址：北京市石景山区香山南路 109 号（100144）
网 址：中国检察出版社（www.zgjccbs.com）
编辑电话：(010)86423753
发行电话：(010)86423726 86423727 86423728
(010)86423730 68650016
经 销：新华书店
印 刷：保定市中画美凯印刷有限公司
开 本：710 mm×960 mm 16 开
印 张：6.875
字 数：181 千字
版 次：2018 年 12 月第一版 2018 年 12 月第一次印刷
书 号：ISBN 978－7－5102－2224－5
定 价：38.00 元

目　录

导　言

随着历史上三次工业革命的完成，社会财富随之剧增，人类的各项生活水平在很大程度上得到了相应的提升。无论是第一次工业革命的蒸汽机时代，还是第二次工业革命的电气时代，抑或第三次工业革命以高科技为基础的电子时代，都是在逐步提高自然资源利用率的背景下完成的。在社会发展过程中，工业创造资源的能力与消耗资源的需求在工业革命中相继产生，首先创造资源，然后消耗资源。[①] 不可否认，随着工业化进程的不断深入，经济增长日益明显，因此给人类创造的便利也越来越大。但与此同时，随着开发利用自然资源的力度不断加大，范围不断扩张，人类对自然的索取呈现过于严重的态势。正是经济发展所伴随的对于自然资源的过度开发和利用，全球气候变暖、森林覆盖面积剧减、土地沙漠化程度增加、空气质量下降、水质严重变坏等一系列环境恶化现象逐渐显现出来。环境恶化带来的严重后果，已经对人类的正常生活和发展造成了重大影响，而且环境问题的出现，往往并非一朝一夕可以得到有效治愈，对于人类生活的负面影响持久。因此，多年以来，环境问题成为影响我国乃至世界的重大社会问题。

面对严重的全球性环境问题，世界上大多数国家都已采取了各项应对措施。例如，美国联邦政府中专门设立了国家环境质量委员会和联邦环保局两个环境保护管理机构，各州同样设立了州一级的环境质量委员会和环保局，联邦环保局对各州环保局发挥

---

① 金碚：《工业革命进化史》，载《南京政治学院学报》2015 年第 1 期。

着监督和合作功能，同时各个州的政府之间也存在着相互协作，共同应对环境污染问题。[①] 日本不仅在环境管理机构组织上十分重视，早在1971年就成立了环境厅，并且在2001年将其升格为环境省，同时出台了一系列的环境保护和可持续发展的法律规范性文件，另外，通过尽量减少生产中的浪费、物品再使用、垃圾循环再利用、利用焚烧炉热源发电、填埋废渣废物避免污染环境等措施，从生产和生活中注重对环境的治理与保护。[②] 在德国，其《刑法典》将环境权纳入了犯罪客体，并且单列专章规定了环境犯罪，在德国刑罚措施普遍轻缓化的大趋势下，环境犯罪的刑罚却呈现出重刑化趋势。[③] 实际上，整治环境问题已经引起了当前世界绝大多数国家的强烈共鸣。

我国作为世界第一大发展中国家，环境问题也很突出，总体看来，无论是政府部门还是民间群众，对环境保护工作越来越重视，环保意识不断增强。2015年1月1日正式施行的环境保护法，对于环境保护对象规定的更宽，对环境违法行为的打击力度更严。在环境刑事立法方面，有关规定较之以前也有重大进展，甚至也表现出了重刑化倾向。例如，刑法修正案（八）将原来的“重大环境污染事故罪”修改为“污染环境罪”，使得污染环境罪的成立只需要满足“严重污染环境”，在犯罪成立上更为严格。

但是，我国环境污染严峻的形势与环境犯罪刑事案件相对较少的客观事实不容忽视。据统计，1998年至2002年期间，全国发生重特大环境污染事故387例，而这其中只有25例以重大环境污染事故罪被追究了刑事责任。2003年至2007年之间，全国

① 王玉明、刘湘云：《美国环境治理中的政府协作及其借鉴》，载《经济论坛》2010年第5期。

② 王葆青：《感受日本环境治理与可持续发展》，载《中国人口·资源与环境》2003年第1期。

③ 卢顺珍：《德国环境刑事法律立法例之探讨》，载《牡丹江大学学报》2011年第8期。

重大环境污染事故超过 90 例，被追究刑事责任的也只有 12 例。具体而言，2004 年一年间由环保部主管的重特大环境事件共计 14 例，其中只有 1 例被追究刑事责任；2006 年间可以查到的相关案件中，仅有 3 例被追究刑事责任；2008 年为 5 例；2009 年仅有 2 例。[①] 而这种局面并非简单地严格刑事立法或行政立法就可以解决。究其原因可能很多，如司法机关执法不严，某些地方政府为发展经济存在地方保护主义，等等，但环境犯罪的特殊性致使其入罪难不得不说是其中的重要原因之一。

环境犯罪入罪难的根本原因在于其自身的特殊性，表现在其与传统犯罪有着明显的不同。环境犯罪主要涉及环境污染和生态破坏两个方面，而环境犯罪入罪难又集中体现在环境污染犯罪中。环境污染犯罪通常是由企业生产而附带造成，污染行为与污染结果之间因果关系极其复杂，并且污染结果与污染行为往往时间相隔久远，多数环境污染只有造成污染后果时才会被发觉，有关部门也才有依据对行为人进行相应的制裁。依据我国刑法的入罪标准，难以对污染行为的主观罪过进行证明，从而难以追究污染行为人的刑事责任。

面对环境污染状况极其严重与环境犯罪刑事归责颇为困难的矛盾，探究一种新型的入罪标准则成为当下治理环境犯罪、保护生态平衡的重要议题。世界上绝大多数英美法系国家和部分大陆法系国家在惩治环境犯罪等公害犯罪时，通常会适用严格责任原则取代传统的罪过责任原则，从而便于打击环境犯罪。当前，我国在惩治环境犯罪问题上适用传统过错责任原则，但环境犯罪的主体主要是企业法人，并且环境犯罪的因果关系复杂性，导致环境犯罪主观罪过难以认定。在传统过错责任原则适用于环境犯罪时，就会出现主观罪过认定困难而放纵犯罪的尴尬局面。基于此，深入研究环境犯罪的特殊性，转变传统的刑事司法理念，寻

① 郄建荣：《环境犯罪为何游离于刑事处罚之外》，载《法制日报》2010 年 5 月 27 日，第 11 版。

找一项适合于环境犯罪的归责原则，成为解决环境犯罪入罪难的关键，也是完善我国环境刑事法律制度，有效保护生态环境的重要举措。严格责任的引入，对于解决环境犯罪主观认定问题必要且可行。

由于环境犯罪的研究，首先涉及对于环境的界定。在环境科学中，环境是指围绕着人群的空间以及其中可以直接或间接影响人类生活和发展的各种自然因素的总体。[①] 在生态学中，环境是指以整个生物界为中心的构成生物生存的必要条件的外部空间和无生命物质，如大气、水、土壤、阳光及其他无生命物质等。[②] 日常生活中我们所讲的环境是指人类生活的环境，也就是以人类社会为主体的外部世界的总体，分为自然环境和社会环境。[③]《环境保护法》第 2 条将环境的概念定义为："本法所称环境，是指影响人类生存和发展的各种天然的和经过人工改造的自然因素的总体，包括大气、水、海洋、土地、矿藏、森林、草原、湿地、野生生物、自然遗迹、人文遗迹、自然保护区、风景名胜区、城市和乡村等。"其中，大气、水、海洋、土地、矿藏、森林、草原、湿地、野生生物应当属于生态范围内的环境；自然遗迹、人文遗迹、自然保护区、风景名胜区、城市和乡村则属于非生态范围内的环境。由于环境犯罪具有行政从属性，对于环境保护法的依赖程度较大，因此环境犯罪中的环境应当与环保法的环境概念相当。但是，刑法作为后盾法，在调整范围上比一般法律要小很多，实际上刑法关于环境犯罪的规定也没有完全包含环境法所规定的环境因素，因此，本书所指环境犯罪的环境，应当仅指环保法中生态范围内的环境。基于此，本书将环境犯罪定义为：环境犯罪是指行为人违反环境保护法律，破坏或污染环境，

---

① 《中国大百科全书·环境科学》，中国大百科全书出版社 1992 年版，第 154 页。

② 徐祥民：《环境法学》，北京大学出版社 2005 年版，第 3 页。

③ 赵红艳：《环境犯罪定罪分析与思考》，人民出版社 2013 年版，第 2 页。

造成或足以造成环境污染或破坏，应受刑罚处罚的行为。

另外，本书的标题是“环境犯罪严格责任研究”，从行政区域上讲，“我国”显然包含了我国大陆、香港特别行政区、澳门特别行政区以及台湾地区。但是，港澳台地区的法律制度与我国大陆地区存在着不同，具体法律规定也有差异，而本书研究的环境犯罪是指刑法中规定的罪名。因此，本书在写作中，除特别说明之处外，“我国”仅指中华人民共和国大陆地区。

一、国内外研究现状分析

对于环境犯罪能否适用严格责任的问题，在我国刑法学界已经存在一些研究成果。在国外，严格责任的研究主要存在与英美法系国家，并且在环境犯罪中的适用相对较普遍。大陆法系国家虽然基本否定严格责任原则的适用，但少数大陆法系国家的学者也主张在环境犯罪领域适用严格责任原则。

（一）国内研究现状

在我国，出现了不少关于在刑法中适用严格责任问题的研究论文，其中不乏少量的严格责任专著：刘仁文独著的《严格责任论》可以说是我国内地较早的关于严格责任的专著，其中详细介绍了严格责任的由来与含义、在英美国家适用的个案分析，通过分析具体的罪名认为，我国刑法中确实存在严格责任的立法例，并具体建议我国刑法理论应该如何重视对于严格责任的研究。[①] 在该著作出版不久，刘仁文撰写的《刑法中的严格责任研究》一文进一步阐述了英美刑法学者对严格责任的态度、严格责任的分类及运用，并主张我国刑法应当引入相对严格责任，其不仅能为我国刑法所包容，也能为我国刑事诉讼法所允许。[②] 陈正云的《论英美刑法中的无过失责任》介绍了英美国家刑法中

---

① 刘仁文：《严格责任论》，中国政法大学出版社 2000 年版，第 115 ~120 页。

② 刘仁文：《刑法中的严格责任研究》，载《比较法研究》2001 年第 1 期。

的无过失责任的内涵，无过失责任属于绝对责任，其主要包括严格责任和替代责任。陈正云指出，我国刑法应当科学且合理地在某些犯罪中适用无过失责任，并由立法对其进行明确又严格的规定。①

除此之外，赵秉志、陈璐的《当代中国环境犯罪刑法立法及其完善研究》一文中也主张在我国环境犯罪刑罚适用原则上引入严格责任制度，并认为完全排斥严格责任的运用是环境刑法的一个缺陷，不利于过错责任原则在环境犯罪中的贯彻执行，使刑法的威慑力大为减弱，无法满足社会对环境保护的需要，也有悖于各国发展趋势。② 谢治东的《环境犯罪的惩治与传统刑事归责原则的创新》介绍了西方国家针对环境犯罪先后提出的相对严格责任、绝对严格责任和新过失论等理论，并主张我国环境犯罪应确立相对严格责任的归责原则。③ 雷鑫的《论环境犯罪适用严格责任的价值》论述了环境污染犯罪适用严格责任的正当性，及其具有的社会价值、经济价值和生态价值，并指出在环境刑事立法中应当确立严格责任原则，这是罪责刑相适应的要求，而且有利于加强刑法生态环境的保护，从而保障生态安全。④ 陈春娥的《重大环境污染事故罪的归责原则》主张在重大环境污染事故中引入严格责任制度，并认为这是惩治环境犯罪的紧迫性需要，且可以提高司法效率，有利于完善我国刑事司法制度。⑤

与此同时，也有学者反对严格责任原则在我国环境犯罪领域乃至于刑事领域中的适用，并提出了各自的观点。例如，侯艳芳

---

① 陈正云：《论英美刑法中的无过失责任》，载《中南政法大学学报》1993 年第 3 期。

② 赵秉志、陈璐：《当代中国环境犯罪刑法立法及其完善研究》，载《现代法学》2011 年第 6 期。

③ 谢治东：《环境犯罪的惩治与传统刑事归责原则的创新》，载《环境污染与防治》2006 年第 11 期。

④ 雷鑫：《论环境犯罪适用严格责任的价值》，载《求索》2010 年第 4 期。

⑤ 陈春娥：《重大环境污染事故罪的归责原则》，载《中共福建省委党校学报》2011 年第 9 期。

在《我国环境犯罪惩治中严格责任制度之否定研究》一文中指出，英美法系国家适用严格责任制度是基于功利主义价值观的考虑，而我国的司法特点和环境侵害行为具有的经济性特点决定了我国环境犯罪不宜适用严格责任。① 邓文莉的《我国环境刑法中不宜适用严格责任原则》认为，我国的法律制度与英美国家法律制度不同，不能随意移植英美刑法中的严格责任，环境犯罪适用严格责任将影响我国的经济建设，且严格责任过分夸大了人的主观能动性。② 欧阳澍、杨开湘的《严格责任原则在环境刑法中的应用》一文也反对在环境犯罪中适用严格责任，其认为严格责任是民事责任中适用的原则，刑事责任与民事责任有本质区别，而且我国环境违法行为规范一直以民事和行政手段为主，环境犯罪适用严格责任会使我国较为完善的法律体系受影响。③ 吴峻的《英美刑法规则与判例》著作中指出，严格责任原则与我国刑法规定的罪过责任原则存在着重大的差异，在犯罪构成上也存在着明显的不同。从本质上讲，严格责任仍然是客观归罪。主客观相统一原则在一定程度上体现了刑法所具有的价值取向，即主客观相统一可以限制国家刑罚权，从而更好地保护人权。相反，严格责任的适用则会导致刑罚的过度扩张，从而可能侵犯人权。④

在环境犯罪研究方面，我国内地关于环境犯罪的研究成果可以分为两个阶段。1997 年刑法典颁布以前关于环境犯罪的研究成果主要体现为论文形式，具有代表性的有：付立忠的《环境犯罪新论》主要介绍了环境犯罪的基础理论及内涵和外延，并

---

① 侯艳芳：《我国环境犯罪惩治中严格责任制度之否定研究》，载《河南大学学报（社会科学版）》2010 年第 4 期。

② 邓文莉：《我国环境刑法中不宜适用严格责任原则》，载《法商研究》2003 年第 2 期。

③ 欧阳澍、杨开湘：《严格责任原则在环境刑法中的应用》，载《求索》2007 年第 9 期。

④ 吴峻：《英美刑法规则与判例》，中国检察出版社 2005 年版，第 123 页。

详细论述了环境犯罪的构成要件，包括环境犯罪的客体、主体、客观方面和主观方面。① 刘仁文的《我国环境犯罪初步研究》立足我国当年的环境犯罪现状，提出研究我国环境犯罪应遵循的基本原则，并提出完善我国环境犯罪的必要性及具体方法，即在刑法中增设“危害环境罪”专章。② 王秀梅的《环境犯罪刑事立法》通过介绍环境犯罪的法律特征，比较各国关于环境犯罪的立法规定，建议我国应当在环境犯罪立法上贯彻协调性和可行性原则，在我国刑法中设置“环境犯罪”专章。③ 杨春洗等合作的《中国环境犯罪的刑事治理》主要介绍了宪法及其他法规中关于环境犯罪的规定，并对环境犯罪的主体种类、客观要件、罪过和辩护等进行了介绍，最后提出应将法人纳入刑事责任主体，规定采取罚金或其他非刑罚措施，并考虑到某些正当行为可能导致环境损害的可能性极大，因此，应在环境犯罪中引入刑事严格责任。④ 学者们早期关于环境犯罪的这些研究成果，在一定意义上对于我国环境犯罪的理论发展和实务操作提供了一个导向作用，毋庸置疑，我国 1997 年刑法中关于环境犯罪的立法规定，离不开学者们早期的理论探索。

1997 年刑法实施之后，我国环境犯罪的刑事立法在很大程度上得到了进一步完善。在理论界，越来越多的学者们注重对于环境犯罪的研究，并提出了更为具体的立法和司法建议。例如，刘仁文的《环境资源保护与环境资源犯罪》分为三个部分，其中中篇主要介绍环境资源犯罪的基本情况及刑事立法比较，并认为，环境资源犯罪可以分为环境犯罪和资源犯罪，前者指污染环境方面的犯罪，而后者指破坏自然资源方面的犯罪。⑤ 杨春洗、

① 付立忠：《环境犯罪新论》，载《法律科学》1995 年第 2 期。

② 刘仁文：《我国环境犯罪初步研究》，载《法学研究》1994 年第 3 期。

③ 王秀梅：《环境犯罪刑事立法》，载《河北法学》1996 年第 1 期。

④ 杨春洗等：《中国环境犯罪的刑事治理》，载《法学家》1994 年第 6 期。

⑤ 刘仁文：《环境资源保护与环境资源犯罪》，中信出版社 2004 年版，第 195 页。

向泽选、刘生荣的《危害环境罪的理论与实务》中提出，为了对危害环境犯罪及时定罪量刑，在举证责任上应有不同于一般案件的标准，在以后的环境刑事立法中，可以借鉴西方国家的立法，规定举证责任倒置或做其他变通性规定，以更好地有利于我国环境立法的发展和环境保护。[①] 另外，文章还介绍了环境犯罪的犯罪构成、刑事责任和刑罚适用等，并探讨了环境犯罪的国际合作问题。吕欣的《环境刑法之立法反思与完善：以环境伦理为视角》中认为，在环境犯罪的主观方面增设过失危险犯和设置严格责任具有一定的合理性和正当性，其目的在于给予环境法益以独立的尊严和地位，人们应当把自己当作环境的成员和一部分。[②] 吴献萍的《环境犯罪与环境刑法》从比较法的角度对环境、环境犯罪的概念进行界定，并分析环境犯罪的构成特征等内容，主张在环境刑法中引入过错推定和举证责任倒置相统一的相对严格责任，以解决环境犯罪中证据收集困难，被告人主观罪过难以把握，因果关系证明困难，传统罪过理论无法游刃有余地应对和遏制危害巨大的环境犯罪的困境。[③] 李希慧等著的《环境犯罪研究》中认为，污染环境罪属于过失犯罪，并主张立法应当同时设置污染环境罪的故意犯罪，并采用引证罪状，《刑法》将第 338 条第 1 款设置为故意犯罪，第 2 款规定“过失犯前款罪的”确定过失犯罪。[④]

此外，我国刑法学界还出现了环境犯罪比较研究的专著，如赵秉志、王秀梅、杜澎的《环境犯罪比较研究》分为总论和分论两个部分，总论比较了英美法系、大陆法系及我国关于环境犯

---

① 杨春洗、向泽选、刘生荣：《危害环境罪的理论与实务》，高等教育出版社 1999 年版，第 313 ~314 页。

② 吕欣：《环境刑法之立法反思与完善：以环境伦理为视角》，法律出版社 2012 年版，第 141 页。

③ 吴献萍：《环境犯罪与环境刑法》，知识产权出版社 2010 年版，第 59 页。

④ 李希慧、董文辉、李冠煜：《环境犯罪研究》，知识产权出版社 2013 年版，第 197 页。

罪的立法模式、构成要件和刑罚，分论比较了各国关于环境犯罪的几个具体罪名设置。文章在论述环境犯罪的主观特征时指出，我国环境犯罪不应直接适用严格责任（无过失责任，笔者注），但可以根据无过失责任原则的原理，推定行为人主观上具有过失，实践中认定环境犯罪还可以变通使用其他过失推定原则，但这些原则如何具体运用则是一个值得探讨和尝试的课题。[①] 卢永鸿的《中国内地与香港环境犯罪的比较研究》主要介绍了我国内地与香港的环境刑法和环境刑事司法的演进过程和各自在惩治环境犯罪方面的司法实践，并对内地和香港的环境犯罪立法和司法进行了比较。作者认为，1997 年刑法关于污染类型环境犯罪的罪行属于严格罪行，控方只需证明被告人有导致重大污染事故的行为以及造成严重经济损失或人身伤亡的后果，辩护方可以相关理由进行免责；香港的环境刑事责任则主要建立于严格责任，在污染管制条例中规定的犯罪，基本都是严格责任犯罪。[②] 赵秉志主编的《环境犯罪及其立法完善研究——从比较法的角度》将我国的环境犯罪的立法理念、法益、立法模式、犯罪构成、刑罚适用等方面与国外一些代表性国家的相关规定进行了比较研究，并对我国的环境犯罪立法完善提出了建设性意见，其中就指出，可以考虑在刑法典总则中对罪责原则进行修改，可以过错责任原则为主，在法律有特别规定时，适用严格责任原则。[③]

我国台湾地区遵循大陆法系立法体系，因此台湾学者对于环境犯罪和刑事立法的研究主要借鉴于德国、日本等大陆法系国家的相关研究和规定。例如，郑昆山的《环境刑法之基础理论》是台湾地区关于研究环境刑法的代表作，其中设专章论述了环境

① 赵秉志、王秀梅、杜澎：《环境犯罪比较研究》，法律出版社 2004 年版，第 89 页。

② 卢永鸿：《中国内地与香港环境犯罪的比较研究》，中国人民公安大学出版社 2005 年版，第 282 ~283 页。

③ 赵秉志：《环境犯罪及其立法完善研究》，北京师范大学出版社 2011 年版，第 148 页。

犯罪的犯意问题，包括故意和过失，故意又分为直接故意和间接故意，过失则分为有认识过失和无认识过失，对于重大过失犯罪的入罪问题，建议增设抽象危险犯，以避免举证难。[①] 此外，关于环境犯罪的问题，柯泽东的《环境法论》，郑昆山发表在台湾地区《东海法学研究》的《论我国环境犯罪防治之道》，柯泽东发表在台大《法学论丛》的《环境刑法之理论与实践》，邱聪智发表在台湾地区《刑事法杂志》上的《公害与刑事责任》等，对于环境刑事责任或环境刑事立法与司法等方面进行了一定的研究。

上述列举的论文或著作中对环境犯罪或严格责任问题都在不同程度上有一定的论述，但并未单独对环境犯罪严格责任问题做更为全面系统的研究。值得庆幸的是，由于环境犯罪其自身的隐蔽性、专业性、迟缓性等特点，基于保护环境和维持社会可持续发展的需要，如今已有很多学者注意到应当在环境犯罪的归责原则上采用与传统刑事犯罪有所不同的认定标准，多数学者建议应当引入严格责任原则作为环境犯罪归责原则之一，从而更好地预防和打击环境犯罪。除前述介绍的赵秉志的《环境犯罪及其立法完善研究——从比较法的角度》，蒋兰香的《环境犯罪基本理论研究》，雷鑫的《论环境犯罪适用严格责任的价值》，谢治东的《环境犯罪的惩治与传统刑事归责原则的创新》等之外，刘斌斌、李清宇的《环境犯罪基本问题研究》，杨春洗、向泽选的《论环境与刑法》，张梓太的《环境犯罪归责的主观要件分析》，陶卫东的《论环境犯罪严格责任原则之有限适用》等著作和文章中，都建议应当在我国环境犯罪中适当引入严格责任制度。但是这些论述中要么没有对严格责任进行专门研究，只是利用了很小的篇幅提出了肯定性观点；要么只是对严格责任的适用泛泛而谈，未能从刑法理论、司法实践以及必要性和可行性等方面进行

① 郑昆山：《环境刑法之基础理论》，五南图书出版有限公司 1987 年版，第 245 ~246 页。

相对全面且深入的研究，这也成为本书写作可以重点展开的地方。

综上所述，在我国刑法学界，关于环境犯罪是否应当适用严格责任原则存在着比较激烈的争论。认为环境犯罪应当适用严格责任的观点，主要可以归纳为以下几点理由：（1）严格责任的适用可以提高司法效率，节约司法成本。由于环境犯罪往往具有因果关系复杂性和结果发生迟缓性的特点，而且环境污染行为具有一定的专业性质，由此造成的污染后果对于不具有专业知识的检察机关来说存在证明困难。在这种情况下，一味地遵循传统的罪过责任原则，要求公诉方承担所有的举证责任，就会导致入罪难的问题，从而放纵犯罪的发生。而严格责任的适用，降低了公诉机关的举证责任，有利于提高司法效率，节约司法成本。（2）严格责任可以弥补传统过错责任的不足。污染环境罪的主观方面是控诉方比较难以证明的，传统过错责任原则适用于这类犯罪时，不利于打击和预防环境犯罪，并且不利于保护公众的权利和社会秩序。严格责任能够在不客观归责的条件下，突破传统罪过责任原则的限制，有效地使得公害行为受到应有的刑罚。因此，严格责任实际上弥补了传统过错责任原则的不足，使得刑法归责原则更加健全。（3）对污染环境的犯罪实行严格责任是我国社会经济结构转变的要求。严格责任在渊源上属于工业革命的产物，工业社会的发展和先进技术的运用，使得工业灾害、环境污染及产品瑕疵不断增多，由此而产生了严格责任。我国当前也正面临着西方国家在工业化时期曾经遇到的严重的环境问题，作为具有预见性和稳定性的立法应对未来社会的犯罪及相关问题进行规定。对污染环境的犯罪规定严格责任是未来社会刑法的特点和时代发展要求。

同时，否定严格责任适用于我国环境犯罪的观点，主要可以归纳为以下几点：（1）严格责任违背了我国刑法主客观相统一的基本原则。主客观相统一原则的意义在于其排除了仅依据客观事实的客观归责和法官的主观擅断。严格责任原则与我国刑法规定的罪过责任原则存在着重大的差异，在犯罪构成上也存在着明显的不同。从本质上讲，严格责任仍然是客观归罪。主客观相统一原则在一定程度上体现了刑法所具有的价值取向，即主客观相统一可以限制国家刑罚权，从而更好地保护人权。相反，严格责任的适用则会导致刑罚的过度扩张，从而可能侵犯人权。（2）严格责任的适用可能阻碍经济的发展。与普通犯罪不同，环境问题往往是伴随着经济的发展而出现的，环境问题的解决也必须要考虑到经济的发展问题。导致环境犯罪的事实本身经常是一些促进社会进步的生产活动，如果对于环境犯罪的防治不当就可能阻碍社会工业化的进程。严格责任的适用，在降低公诉机关举证责任的同时，也给可能造成环境危害的生产企业施加了巨大的压力。虽然刑罚对环境资源的保护确实具有重要独特的作用，但刑罚应讲求效益性。对证明不了罪过的环境行为人处以刑罚，不仅会给刑罚的威慑力带来消极影响，而且还会给公司、企业等经济主体带来诉讼之累，不利于国家的经济建设。[①]（3）刑罚并非是遏制环境危害行为的最佳选择。环境问题所具有的长期性、不可逆转性等特点，要求我们对于环境的保护不应当局限于在问题发生后，依赖严格责任对行为人追究刑事责任，而是应当更注重如何落实环境预防措施，将“环境影响评价制度”“三同时制度”等有效制度切实予以执行，实现环保由末端治理向源头治理转变。制约着我们对环境犯罪有效追诉的首要原因并非控方难以证明行为人对污染和破坏环境的结果的主观罪过，而是有法不依、有令不行、有禁不止、有罪不罚及其背后的各种利益追求。

（二）国外研究现状

国外一些国家对于有关环境犯罪及严格责任方面的研究，在很大程度上要比我国起步早很多。尤其是英美国家，严格责任在刑事领域中很早就得以适用；大陆法系国家中，日本环境犯罪中

① 马荣春：《刑法诸问题的新界说》，中国检察出版社 2007 年版，第 327 ~ 328 页。

引入严格责任原则具有代表性，法国作为大陆法系代表性国家，在刑事司法实践中对于严格责任也有涉及，德国等国家刑法中则反对刑事领域适用严格责任。

就环境犯罪而言，英美法系国家的环境刑法多以附属环境刑法的方式存在，把大量处罚环境犯罪的条款规定在环境行政法之中，大多是围绕具体环境行政法进行研究，在研究方法上也更注重技术性，并且在研究中通常以案例分析的方式进行论述。如美国学者 J. G. 阿巴克尔等著的《美国环境法手册》中介绍了水污染防治、大气污染防治、资源保护回收法等行政性法律，其中主要规定了行政性条文，也涉及环境刑事责任方面的规定，主要体现在第一章环境法基本原理中，其中列举了“美国诉帕克一案”，被告人被判犯了违反联邦食品、药品和化妆品法的罪行。一般来说，刑事违法要求有意识地犯罪的某些因素或者某些犯罪目的，但社团的职员可以为了他们的下级职员的行动和无行动，在涉及范围很广的案件中将被判决负有刑事责任。[①] 实际上这也正是美国环境犯罪中适用严格责任所包含的替代责任。罗杰·W. 芬德利、丹尼尔·A. 法伯的《环境法论要》中介绍环境法律责任时普遍结合案例，如在论述有毒物质的控制责任时，通过“美国诉蒙萨拖公司”“美国诉东北药物和化学药品公司”等案例讨论责任的承担。[②] 史蒂文·费里的《环境法案例与解析》主要采用案例的方式论述环境法律行政责任和刑事责任。例如，在危险和固体废物的管理一章中，就专门介绍了对于刑事违法行为的主观认定和刑事处罚措施。[③]

而大陆法系国家对环境犯罪的研究则更突出体系性。例如，日本在环境犯罪方面的研究比较系统化，并且通常表述为公害犯

---

① ［美］J. G. 阿巴克尔：《美国环境法手册》，文伯屏、宋迎跃译，中国环境科学出版社 1988 年版，第 57 ~58 页。

② ［美］罗杰·W. 芬德利、丹尼尔·A. 法伯：《环境法论要》，杨广俊等译，中国社会科学出版社 1997 年版，第 147 ~153 页。

③ ［美］史蒂文·费里：《环境法论要》，中信出版社 2003 年版，第 320 ~322 页。

罪，如藤木英雄的《公害犯罪》一书，详细研究了日本公害犯罪中所涉及的因果关系的认定与及其证明方法、犯罪的故意、过失和预见可能性、企业和个人责任的承担等。其中，对于公害犯罪因果关系的证明采取了流行病学证明方法，即适用因果关系推定。① 今井猛嘉的《环境犯罪》一文，介绍了日本的环境刑法在对策上的转变，以及环境刑法保护的法益、环境犯罪的罪质等问题。其中，关于环境刑法保护法益的论述指出，环境刑法应当首先考虑人类利益，同时在与人类利益相关的范围内，也动用刑罚保证环境保护的利益，即生态学的利益。日本学者町野的《环境伦理、环境法、环境刑法》、长井圆的《日本公害刑法到环境刑法的展开》、京腾哲久的《环境犯罪的构成要件》等文献中均对此持相同观点，实际上这一见解在日本也处于支配性地位。②而《日本刑法典》却没有专门环境犯罪的规定，有学者将其归为针对社会性法益的犯罪，其中就包括污染净水罪（污染供人饮用的净水，因而致使净水无法使用）、污染水道罪（污染由水道供公众饮用的净水或者其水源，因而导致不能饮用）等。③ 对此表述，日本学者大谷实的著作《刑法各论》也采取了同样的观点。④

德国学者 E. 撒姆松的《德国环境刑法的基本原理和问题》首先讲述了德国公共环境法的基本原理，然后介绍环境刑法的基本原则，德国环境刑法主要依赖于相关的环境行政规定，这表现在任何与环境有关的行为，当其没有受到许可性行政行为认可的时候，才是刑法上的违法行为；如果有一个允许该行为实施的官

① ［日］藤木英雄：《公害犯罪》，丛选功等译，中国政法大学出版社 1992 年版，第 54 ~55 页。

② ［日］今井猛嘉：《环境犯罪》，李立众译，载《河南省政法管理干部学院学报》2010 年第 1 期。

③ ［日］西田典之：《日本刑法各论》，刘明祥、王昭武译，中国人民大学出版社 2007 年版，第 250 页。

④ ［日］大谷实：《刑法各论》，黎宏译，法律出版社 2003 年版，第 301 ~302 页。

方许可证存在，那么该行为在刑法意义上也是合法和可以不受处罚的行为。[①] 京特·海涅、福尔克尔·迈因贝格的《欧洲的环境犯罪法》中也存在类似的论述：环境犯罪法的一个特征是刑法与行政法规有内在联系，这种法律技术使得协调法律以适应社会和技术更换成为可能，并且这种协调不需要永久的法规修改，在条款的运用中，刑法的次要地位将环境行政法的基本功能同刑法的制约目的结合到一起。[②] 此外，刊载于日本刑法学会《刑法杂志》第 32 卷的山中敬一撰写的《德国环境刑法解释论上之诸问题》，交告尚史撰写的《环境刑法之行政从属性》也对德国的环境刑法与环境行政法之间的关系等方面进行了研究。北村喜宜撰写的《环境刑法之执行——以水质污浊防止法为例》，立石雅彦的《论德国环境刑法之改革》以及伊东研保佑撰写的《论环境刑法之保护法益与保护样态》，德国海涅的《环境破坏行为类型化之国际比较——论因果关系与特殊归责问题》从环境犯罪的刑事司法、环境刑法的法益保护、环境犯罪的因果关系等角度，分别进行了论述。

对比国外这些代表性国家学者关于环境犯罪的研究可以发现，我国的环境犯罪理论研究或刑事立法上存在很多与其相同或类似之处。比如，日本学者所提出的流行病学证明方法实际上正是我国一些学者所主张的疫学因果关系证明方法；日本学者所主张关于环境刑法保护法益应当首先考虑人类利益，同时在与人类利益相关的范围内保证环境保护的利益，与我国一些学者包括笔者所认同的环境犯罪所侵害的法益不仅包括人的利益还包括环境自身利益，都肯定了人类和环境本身在环境犯罪中的重要性。德国乃至欧洲国家环境刑法所表现出的对环境行政规定的依赖，与

---

① ［德］E. 撒姆松：《德国环境刑法的基本原理和问题》，李建明译，载《外国法评议》1994 年第 4 期。

② ［德］京特·海涅、福尔克尔·迈因贝格：《欧洲的环境犯罪法》，付立忠译，载《环球法律评论》1992 年第 6 期。

我国环境刑法的行政从属性特点在本质上并无区别。

在严格责任方面，英美法系国家的刑法中对其适用的比较普遍，相关的研究也较多。例如，英国学者 J. C. 史密斯与 B. 霍根的著作《英国刑法》第六章专门介绍了严格责任犯罪：某些对于特定行为的一个或多个行动要件不要求故意、轻率、甚至疏忽的犯罪被称为严格责任犯罪，或“绝对禁止之罪”。他们认为，严格责任不应当是绝对的，精神病、紧急行为、被迫行为和强迫行为等一般的辩护理由都应当被适用于严格责任犯罪。[①] 鲁珀特·克罗斯等的《英国刑法导论》第五章的严格责任分别介绍了普通法上的严格责任和制定法上的严格责任，并指出在普通法中只有很少的犯罪适用严格责任，如公害罪、中伤性诽谤罪、亵渎性诽谤罪及蔑视法庭罪等。绝大部分适用严格责任的刑事案件都由制定法规定，并经法院对某一特别法规的解释而产生。严格责任的法定辩护理由包括“无过失”和“第三者作为辩护理由”，从而使不公正的程度有所减轻。[②] 美国学者史蒂文·L. 伊曼纽尔的《刑法》对于严格责任的定义为：These are crimes for which no culpable mental state at all must be shown; it is enough that the defendant has performed the act in question, regardless of his mental state.（严格责任犯罪是指不需证明被告人的任何主观过错；只要被告人在客观上实施了法律规定的犯罪行为而无须考虑他的主观心态。笔者注。）严格责任通常适用于强奸（幼女）罪（statutory rape）和重婚罪（bigamy）等犯罪中。[③] 道格拉斯·N. 胡萨克的《刑法哲学》对严格责任论述时认为，应允许被告人以无力阻止或从事违法行为的理由为自己辩护，对严格责任下的犯罪的惩罚正当性的判断，较之于是否存在犯罪意图或犯罪行

① ［英］J. C. 史密斯、B. 霍根：《英国刑法》，李贵方等译，法律出版社 2000 年版，第 114、132 页。

② ［英］鲁珀特·克罗斯、菲利普·A. 琼斯：《英国刑法导论》，赵秉志等译，中国人民大学出版社 1991 年版，第 79 页。

③ ［美］史蒂文·L. 伊曼纽尔：《刑法》，中信出版社 2003 年版，第 21 页。

为，控制能力的存在与否，具有更为密不可分的关系。[①] 实际上，也是对绝对责任的否定，并允许严格责任被告人享有辩护权。

大陆法系国家刑法对于严格责任基本持否定态度，即认为犯罪的认定必须包含主观方面。如日本学者小野清一郎在其著作《犯罪构成要件理论》中认为，犯罪构成要件中有主观要素这一点，无论在实定法上，还是在理论上，都是不能否定的。[②] 大塚仁在其著作《犯罪论的基本问题》中指出，责任的要素包括责任能力、责任故意和过失、合法行为的期待可能性，故意和过失被理解为构成要件和主观的违法要素，这在大塚仁的《刑法概说（总论）》中也有介绍，犯罪原则上必须是基于故意的，处罚过失犯是例外，过失与故意并立，首先应被视为构成要件的要素。[③] 德国学者李斯特的《德国刑法教科书》中，关于"作为有责行为的犯罪"一章对于犯罪的故意和过失进行了论述，如果行为人虽然预见其行为的违法性和社会危害性，且能够期望其以合法行为代替该违法行为，他仍实施了符合构成要件的违法行为，称之为故意犯罪。行为人实施违法行为而没有预见符合构成要件的结果或社会危害性，但根据客观情况他应当预见，并以合法行为代替非法行为，成立过失犯罪。[④] 约翰纳斯·韦赛尔斯的《德国刑法总论》分别论述了故意的作为犯、过失的作为犯和不作为犯，对犯罪的主观要件进行论述。[⑤]

但是也有大陆法系国家学者对过失责任主义提出了修正，如

---

① ［美］道格拉斯·N. 胡萨克：《刑法哲学》，谢望原等译，中国人民公安大学出版社 2004 年版，第 222 页。

② ［日］小野清一郎：《犯罪构成要件理论》，王泰译，中国人民公安大学出版社 2004 年版，第 64 页。

③ ［日］大塚仁：《刑法概说（总论）》，冯军译，中国人民大学出版社 2003 年版，第 177、199 页。

④ ［德］李斯特：《德国刑法教科书》，徐久生译，法律出版社 2006 年版，第 282、302 页。

⑤ ［德］约翰纳斯·韦赛尔斯：《德国刑法总论》，李昌河译，法律出版社 2008 年版，第 59、387、421 页。

藤木英雄的《公害犯罪》中指出，即使不能具体地预想到会有什么样的危险发生，但由于存有不知道会对人的生命和健康发生何种破坏的有害结果的危惧感，在这种情况下，为能足以消除这种危惧感，防止结果发生起见，令其有合理的负担，应该说是理所当然的了吧。[①] 实际上这正是在一定程度上对严格责任制度的肯定。除此之外，法国刑法学界也存在关于肯定严格责任在刑事司法中适用的论述，如法国学者卡斯东·斯特法尼的著作《法国刑法总论精义》中提到，对于故意的举证责任通常由检察机关承担，但法院判例也承认对于一些犯罪，仅依据对事实要件的确认即可认定犯罪心理要件的存在，只要允许当事人有权提出相反证据，就与无罪推定原则不抵触。[②]

通过分析不难发现，英美法系国家刑法学者对于严格责任一般都持肯定态度，只是在对严格责任具体内涵的解读上存在不同的观点。如美国学者史蒂文·L. 伊曼纽尔对于严格责任的定义，没有赋予严格责任被告人法定辩护理由，属于绝对责任。英国学者鲁珀特·克罗斯、菲利普·琼斯虽然认为严格责任应当赋予被告人法定辩护理由，但该著作中也指出一种受到许多人批判的严格责任定义：在某些特殊的犯罪中，即使被告的行为不具有对被控犯罪必要后果的故意、放任或过失，即使被告对必要的犯罪条件没有犯罪意识或行为过失，即使被告的行为是基于合理的错误认识即认为自己具有犯罪定义所规定的某个特殊的辩护理由，他也可能被定罪。在这种情况下，被告本人虽然没有任何过错，但却要承担刑事责任。[③] 与绝对责任不同，被告人享有辩护权的相对严格责任在现代英美刑法学界实际受到的肯定评价越来越普

① ［日］藤木英雄：《公害犯罪》，丛选功等译，中国政法大学出版社 1992 年版，第 62 页。

② ［法］卡斯东·斯特法尼：《法国刑法总论精义》，罗结珍译，中国政法大学出版社 1998 年版，第 252 页。

③ ［英］鲁珀特·克罗斯、菲利普·A. 琼斯：《英国刑法导论》，赵秉志等译，中国人民大学出版社 1991 年版，第 67 页。

遍。大陆法系刑法虽然在犯罪构成要件中肯定故意和过失的重要地位，但理论界对于公害犯罪等少数特别情况中，也认为严格责任存在一定的合理性。尤其是在日本，由于日本环境问题的严重性，其修改后的《水污染控制法》《空气污染控制法》等环境法律规范中，均规定了相对意义上的严格责任制度。

正是基于英美国家刑法学界对于严格责任的早期探索，并在刑法制度中大量出现严格责任犯罪的规定；大陆法系国家刑法规定中虽然基本没有严格责任犯罪的规定，但理论界也已经出现肯定严格责任犯罪的观点，国外这些有利的制度和研究，为笔者研究严格责任适用于环境犯罪提供了重要的借鉴和理论参考价值。加之我国学者关于环境犯罪严格责任的研究基本都是分散性的，要么单独研究严格责任，要么系统研究环境犯罪，对于严格责任如何合理且有效地适用于我国环境犯罪的研究则缺少系统性和深入性，而且大多数都是以期刊论文的形式出现，论证难免不够全面。这些现状也为笔者研究严格责任如何适用于我国环境犯罪提供了很大的创作空间。

二、研究目的和意义

任何一项学术研究，都应当有明确的研究目的和其潜在的意义。研究目的和意义能够充分反映出某项研究所具有的学术研究价值。因此，本书有必要对选题的研究目的和意义进行说明。

（一）研究目的

论文选题来源于对相关文献的阅读及对目前日益严峻的环境问题这一现实情况的思考。归责原则经常在侵权行为法中被提到，在讨论侵权行为法的基本问题时似乎无处不论及归责原则及其适用。侵权行为的归责原则理论上主要可以分为过错责任原则、过错推定原则和无过错责任原则。随着社会的发展，归责原则已逐步突破仅在民事侵权行为中的探讨和运用，刑法中也不乏类似侵权行为中的归责原则的相关规定。归责原则是认定案件事实与法律责任之间因果关系的准则，是正确科以责任的重要依据。

刑法作为最为严厉的制裁手段，在归责原则上一项奉行过错责任原则。但环境犯罪的特殊性，使得传统过错责任原则往往无法得以有效运用，对于打击和预防环境犯罪不利。正基于此，本书意图借鉴国外一些国家刑事领域适用的严格责任原则适用于我国环境犯罪中，以为我国当前环境犯罪入罪难的问题提出一个解决思路。

（二）研究意义

现代经济的飞速发展，使得环境问题越来越受到整个人类社会的广泛关注，保护环境和合理利用自然资源，是实现人类社会可持续发展的前提和关键。如何运用法律手段尤其是刑法手段规制环境问题已成为国际社会、各国政府及法学家们不断尝试和探讨的课题。在环境问题的刑法规制中，环境犯罪行为的归责原则是一个极其重要但仍未很好解决的问题。因而，研究环境犯罪归责原则有着一定的理论和实践意义。

1. 理论意义

一些环境犯罪与其他犯罪相比，具有行为专业性、隐蔽性、因果关系复杂性、结果发生迟缓性和后果难以弥补性等特点，使得传统的刑法理论在认定环境犯罪主观罪过上遭遇困境，必须采取新的思路，因此，在认定环境犯罪的犯罪构成上也应当与普通犯罪有所不同。据此，英美法系大多数国家和部分大陆法系国家都相继将严格责任原则引用于认定一些环境犯罪当中。然而，从我国当前的刑事立法现状来看，我国关于环境犯罪的归责原则仍旧采取过错责任原则，严格责任原则并未得到运用。对此，本书专门对环境犯罪的归责原则进行研究，指出传统归责原则强调严格证明主观罪过在认定污染型环境犯罪中的不足，主张在污染环境罪中引入严格责任原则，在理论上是一次符合实际需求的探索。传统的过错责任原则在其他污染型环境犯罪和破坏型环境犯罪中仍具有不可替代的使用价值，但在打击污染环境罪面前，却难以适用。严格责任在污染环境罪中的适用，也是对传统过错责任理论的补充，具有一定的理论意义。

2. 实践意义

我国修订后的环境保护法于2015年1月1日正式实施，修改后的该部法律较之以前对于环境保护的力度更大，可谓史上最严的环境保护法。比如，其第5条确定了“环境保护坚持保护优先、预防为主、综合治理、公众参与、损害担责”的原则，从多方位加大环境保护的执法、监督等工作。第42条规定了具体的违法行为，并明确了责任主体。第47条确立了环境预警机制。第53条明确了公众参与的主体，即政府部门的义务。2017年1月1日，最高人民法院、最高人民检察院发布的《关于办理环境污染刑事案件适用法律若干问题的解释》正式实施，对刑法规定的环境污染犯罪的法律适用问题做出了具体解释，有利于修订后的环境污染犯罪尤其是污染环境罪在司法实践中的具体适用。修订后的环境保护法和环境污染犯罪司法解释的出台，反映出我国高度重视依法保护环境，对环境违法犯罪行为坚决打击的立场。而严格责任在环境犯罪中的适用，则进一步充实了环境犯罪主观罪过的认定方法，能够有效解决环境犯罪司法实践中主观罪过认定难的问题。本书在传统刑法归责原则的基础上，针对司法实践中打击环境犯罪遇到的实际棘手问题，借鉴国外关于严格责任的刑事立法理念，补充我国相应方面的立法缺陷。通过对具体环境犯罪案例的分析，指出传统过错责任原则在认定污染环境罪中的不足，并在此基础上，突出严格责任原则打击此类犯罪的优越性。由此，肯定严格责任原则在刑事司法中的重要地位，从而改变传统归责原则的理念，对于惩治日益严峻的环境污染问题有着重要实践意义。

（三）研究方法

本书研究的主要内容，是在分析严格责任具体内涵的基础上，讨论其与我国刑法中的传统过错责任原则、刑法因果关系等有关理论的相互关系，进而论述严格责任适用于我国环境犯罪的必要性和可行性，并进行具体建构。其中，主要涉及对于严格责任概念的解释，表现在严格责任采取推定的方式进行主观归责，并赋予被告人无过错辩护权，在本质上与传统过错责任原则一样，都遵循了主客观相统一原则。因此，本书主要采取了逻辑思辨、逻辑演绎的论证方法，对于严格责任原则、过错责任原则的概念进行比较、辩证统一。

另外，通过分析有关环境犯罪具体案件所体现出的特点，反思司法在认定具体罪名上面临的困扰，从而指出适用严格责任在解决环境犯罪个案上较之传统归责原则的优势，因此也在本书中一些地方运用了实证分析方法；在研究英美法系和大陆法系的代表性国家的刑事立法关于严格责任和环境犯罪方面的具体规定，以及我国香港和台湾地区的环境犯罪归责原则时，采用了比较分析方法；另外，严格责任原则只是在对犯罪主观要件的证明方式上采取推定的方式，但并没有否定主观过错对于犯罪成立的必要性，因此，严格责任也适用于我国犯罪成立体系，其中就涉及体系解释方法。

第一章　环境犯罪及严格责任的基本问题

研究我国环境犯罪适用严格责任的问题，必然牵扯到两个基本的法律问题，即环境犯罪和严格责任。环境犯罪作为具有严重社会危害性的行为，具有普通犯罪的一面，但同时其自身的特殊性和所表现出来的基本特征，使得其与普通犯罪在具体归责上应当有所区别。严格责任最早作为英美国家的一项法律制度，近年来在我国刑法理论界受到了热议。我国环境犯罪是否可以引入严格责任，则首先必须对严格责任的具体内涵和相关问题进行深入了解。

第一节　环境犯罪的基础问题

本书认为，环境犯罪是指行为人违反环境保护法律，破坏或污染环境，造成或足以造成环境污染或破坏，应受刑罚处罚的行为。通俗来说，环境犯罪就是行为人针对人类赖以生存的环境和生态资源而实施的犯罪。本书在此主要讨论环境犯罪的特殊性和其自身的基本特点。

一、环境犯罪的特殊性

与普通犯罪一样，环境犯罪也是具有严重社会危害性的行为。但是，与普通犯罪相比，环境犯罪作为一类新型犯罪，在很多地方又表现出自身的特殊性，具体而言体现为以下几点：

第一，环境犯罪具有行政从属性。

所谓行政从属性，顾名思义是指本罪的成立依赖或从属于行政法律、法规或行政命令。环境犯罪的行政从属性表现在，构成环境犯罪必须以违反一定的环境保护法律规范为前提。例如，污染环境罪是指，行为人违反国家规定，排放、倾倒或者处置有放射性的废物、含传染病病原体的废物、有毒物质或其他有害物质，严重污染环境的行为。[①] 由此定义可知，构成污染环境罪必须以行为“违反国家规定”为前提，而“国家规定”包括行政法律、法规和行政命令，这充分体现了污染环境罪的行政从属性。非法猎捕、杀害珍贵、濒危野生动物罪的犯罪对象是珍贵、濒危野生动物，而什么是珍贵、濒危野生动物，最高人民法院《关于审理破坏野生动物资源刑事案件具体应用法律若干问题的解释》（以下简称《野生动物资源解释》）第 1 条对此进行了具体规定：《刑法》第 341 条第 1 款规定的“珍贵濒危野生动物”，包括列入国家重点保护野生动物名录的国家一、二级保护野生动物、列入《濒危野生动植物种国际贸易公约》附录一、附录二的野生动物以及驯养繁殖的上述物种。该《野生动物资源解释》对于“珍贵、濒危野生动物”的具体规定，显然对非法猎捕、杀害珍贵、濒危野生动物罪的犯罪对象进行了明确，使得该罪名具有明显的行政从属性。

第二，环境犯罪在主观上包括故意和过失，特殊情况可以适用严格责任[②]。

故意和过失是刑事犯罪的两种主观表现形式，在环境犯罪中，破坏型环境犯罪一般都是故意犯罪，而污染型环境犯罪中也存在过失犯罪，如擅自进口固体废物罪。污染环境罪的前身“重大环境污染事故罪”本属于过失犯罪，但修正后的污染环境罪，既可以由故意构成，也应当成立过失犯罪，从而更好地保护

① 张明楷：《刑法学》，法律出版社 2011 年版，第 995 页。

② 此处所讲的严格责任并非无过错责任，只是在认定是否存在主观过错时可以采用推定的方式，后文将对此予以详述。

生态环境。当然，故意或过失并非要在环境犯罪的定义中明确体现出来，即便是刑法法条中，也存在很多罪名设置中并未明确规定故意或过失，但这只是立法技术问题，未规定不代表不具有故意或过失也可以构成犯罪。另外，环境犯罪与其他普通犯罪不同之处在于其危害结果的严重性。当今社会，一些重大环境污染事件主要表现为法人（实践中以企业法人居多）在生产过程中对环境造成的严重污染行为，其对环境造成的破坏极其严重而且大多数情况下难以恢复，而此类犯罪行为往往具有手段专业性、结果发生迟缓性、行为隐蔽性等特征，很多时候污染行为的实施与污染结果的发生之间相隔甚久，此时再去认定犯罪的主观罪过几乎不可能，依据传统过错责任原则就难以对其主观过错进行认定，不利于打击犯罪。在此情况下，为了更好地保护环境，有利于维护人类生存和发展的需要，对法人实施的污染环境犯罪应当制定较之于其他犯罪相对较为宽松的主观判断标准，即严格责任。

第三，环境犯罪应包括行为犯、危险犯和结果犯。

环境犯罪的行为犯是指只要行为人实施了污染或破坏环境的行为，不论是否造成了现实的危害环境的后果或是否有造成危害后果的危险，均构成相应的环境犯罪。环境犯罪的结果犯是指行为人实施了污染或破坏环境的行为，并实际造成了环境污染或破坏或者造成了生命、健康或重大公私财产损失的后果，因此而构成相应的环境犯罪。环境犯罪的行为犯和结果犯在国外很多国家的环境刑事立法当中都有所规定，我国现行刑法中的环境犯罪罪名一部分属于行为犯，如非法处置进口的固体废物罪，非法捕猎、杀害珍贵、濒危野生动物罪，非法收购、运输、加工、出售国家重点保护植物、国家重点保护植物制品罪等，在这些犯罪中，只要行为人实施了相应的具体行为，无须造成特定后果，即可以成立相应犯罪。除此之外，大部分环境犯罪属于结果犯，如擅自进口固体废物罪，非法采矿罪、盗伐林木罪等，需要造成“致使公私财产遭受重大损失或严重危害人体健康”“情节严重”

等不同严重后果时，才成立相应的犯罪。

环境犯罪的危险犯是指行为人实施了污染或破坏环境的行为，从而对环境或人身及财产造成了严重的威胁，即可构成相应的环境犯罪。环境犯罪危险犯在很多国外环境刑事立法中也有体现，我国目前没有对环境犯罪规定危险犯，然而学术界众多学者都纷纷建议应当将危险犯引入我国环境刑事立法当中，并提出了相应的理由。[①] 本书认为，很多环境犯罪的危害结果极其严重，而且一旦发生则难以恢复原状，对人类生存环境的破坏力度极大。危险犯不以危害结果的发生为要件，能够有效地将行为制止于危害结果发生前，能够有效地保护环境。从刑法理论上说，行为犯只需法定行为的实施就可构成犯罪，而危险犯不仅要求有行为的实施，而且行为必须造成某种危害结果的危险发生。作为危险性程度较低的行为犯在我国环境刑事立法中有体现，那么作为危险性程度更高的危险犯更应规定。[②] 因此，我国刑法中的环境犯罪应当设立危险犯。

第四，环境犯罪不仅侵害人的利益，还侵害环境自身利益。

对于环境犯罪的犯罪客体，在刑法理论上尚未达成统一的共识，主要存在以下几种学说：（1）环境保护管理制度说。主张该学说的学者认为，环境犯罪侵犯的客体是国家的环境资源保护或者说是国家对环境保护及污染防治的管理制度。[③]（2）环境权说。该说认为环境犯罪所侵犯的客体是环境权，即指自然人所享有的在和谐、舒适的生态环境中生存和发展的重要权利。[④]

---

① 赵秉志：《环境犯罪及其立法完善研究》，北京师范大学出版社 2011 年版，第 146 页；蒋兰香：《环境犯罪基本理论研究》，知识产权出版社 2008 年版，第 279 页；李希慧等：《环境犯罪研究》，知识产权出版社 2013 年版，第 79 页；吴献萍：《环境犯罪与环境刑法》，知识产权出版社 2010 年版，第 43 页；等等。

② 蒋兰香：《环境刑法》，中国林业出版社 2004 年版，第 64 页。

③ 王秀梅、杜澎：《破坏环境资源保护罪》，中国人民公安大学出版社 1998 年版，第 11 页。

④ 李希慧、董文辉、李冠煜：《环境犯罪研究》，知识产权出版社 2013 年版，第 60 页。

(3) 社会关系说。该学说将环境犯罪的客体表述为环境违法行为所侵害的特殊社会关系，即环境保护法律关系。[①] (4) 公共安全说。即环境犯罪侵害的客体是不特定多数人的生命、健康和公私重大财产的安全。[②] (5) 复杂客体说。该学说认为，环境犯罪的客体是国家环境资源保护管理制度和环境权。[③]

本书认为，上述几种学说的表述均有可商榷之处。一方面，刑法保护的法益必须与人类有着密切的关系，“只有人的利益才能成为法益，只有人的利益才值得刑法保护”。[④] “法对任何事物的保护均应联系人的利益来确定，环境保护也不例外。法之所以保护环境，是因为环境的恶化不仅侵害了人的健康和安全，还从根本上威胁了人类的生产和发展。不论是对何种自然资源的保护，其目的都是保护人的利益。”[⑤] 正如马克思在《关于反对盗窃林木法案的辩论》中的论述，盗窃林木的犯罪行为所侵犯的对象是具体的林木，但林木作为一种具体的物，是具体的社会关系的物质表现，它体现着所有者对它的所有权。犯罪的可以感觉的那一面触犯了林木所有者的利益，犯罪行为的实质并不是对物质的林木侵犯，而是对林木的国家神经即财产权本身的侵犯。[⑥] 因此，环境犯罪的客体必须体现出对人类自身利益的保护。另一方面，环境作为人类赖以生存和发展的重要载体，其重要性不言而喻。环境刑法如若一味地保护人类利益，而忽视对人类赖以生存和发展的环境本身的保护，则最终仍会将危及人类利益。因此，作为一类特殊的犯罪，环境犯罪的客体不仅应当体现出对人类利益的保护，同时也应当顾及对环境自身利益的保护。环境刑

---

① 王秀梅：《环境犯罪刑事立法》，载《河北法学》1996 年第 1 期。

② 徐平：《环境刑法研究》，中国法制出版社 2007 年版，第 99 页。

③ 刘斌斌、李清宇：《环境犯罪基本问题研究》，中国社会科学出版社 2012 年版，第 109 页。

④ 张明楷：《法益初论》，中国政法大学出版社 2003 年版，第 166 页

⑤ 张梓太：《环境法律责任研究》，商务印书馆 2004 年版，第 267 页。

⑥ 《马克思恩格斯全集》第 1 卷，人民出版社 1995 年版，第 276 页。

法保护的为环境犯罪所侵犯的客体应该具有双重性，表现为环境对公众生存的维护价值和环境自身的生态和谐。[①] 由此笔者也赞同将环境犯罪侵犯的客体界定为：刑法所保护的，人与自然之间的特定生态受到破坏所反映出的社会关系。这种社会关系并非人与自然之间的直接关系，而是自然生态被破坏后所反映出来的人与人之间的社会关系。[②]

二、环境犯罪的基本特征

环境犯罪作为一类新型的犯罪，是伴随着经济的发展而导致的生态平衡遭遇严重破坏时以刑法进行规制的一种严重危害行为。环境犯罪区别于其他犯罪所具有的基本特征，主要表现为行为手段专业性、行为方式隐蔽性、因果关系复杂性、结果发生迟缓性和后果的难以弥补性等。实际上，这些基本特征也正是我国一些重大环境污染事件所表现出来的特点。

第一，行为手段专业性。

环境犯罪行为手段专业性，是指与普通犯罪相比，一些重大环境污染事件中常常涉及高科技的专业背景。环境犯罪的这一特性主要是源于其往往发生在企业的生产过程中，而现代企业的生产一般都是依赖专业人士操纵专业设备进行，而且，与普通犯罪的调查取证不同，对于环境污染后果的形成原理，往往会涉及生物、化学、物理等非常专业的科学知识，因此，在行为造成严重污染危险或污染后果时，司法办案人员通常不具备这些专业知识，无法对犯罪因果关系进行准确的认定，难以对犯罪行为进行刑事归责。而且，司法机关传统的刑事侦查技术和手段，在这些具有复杂科技含量的犯罪行为面前往往难以发挥作用。如需对该

---

① 张红艳：《环境犯罪的基本问题研究》，载《河南师范大学学报（哲学社会科学版）》2009 年第 9 期。

② 赵秉志：《环境犯罪及其立法完善研究》，北京师范大学出版社 2011 年版，第 43 页。

类犯罪行为及危害结果进行认定，司法机关通常也需要聘请相关领域的专业人士进行。

第二，行为方式隐蔽性。

环境犯罪的行为方式隐蔽性，是指一些环境犯罪主体在实施犯罪行为时采取隐蔽的方式进行，从而使得犯罪行为不容易被察觉。环境犯罪行为一般发生在企业生产过程中，伴随着企业的正常生产而悄然发生，而一般企业的正常生产都办理了合法手续，其所实施的环境污染行为一般都是在合法生产的掩盖下进行，在造成污染危害结果之前，通常不容易被人发觉。例如，企业在生产过程中为了节约成本经常会私自暗设管道进行污水排放，执法人员一般难以查明企业的这一行径。而当企业的私自排污行为被发现时，往往已经对环境造成了严重的污染后果。另外，污染可能给人类造成的损害有时候并非普通人可以及时察觉。如铱、镭、铀等具有严重辐射的金属物质，普通人往往会认为这些只是普通的金属物。2013 年下半年，黑龙江省哈尔滨市某一小区的某些居民患上严重的疾病，并最终造成一名居民死亡，经过有关部门仔细调查，小区垃圾站中被发现存在一个放射性金属铱，正是该金属铱导致了这一严重后果。直至污染物铱被发现时，其已经对该小区居民连续造成了近四个月的辐射。①

第三，环境犯罪因果关系复杂性。

刑法中的因果关系是指刑法所规定的，客观上符合构成要件的危害行为与危害结果直接存在的，能够影响刑事责任的引起与被引起的关系。② 破坏型环境犯罪中，如盗伐林木、非法采矿等行为，其危害行为与危害结果之间的因果关系比较明显，易于判断。而现实所发生的一些重大环境污染事件中，一般都是企业在

① 靳铃涵：《小区垃圾站现放射性金属，全楼遭辐射一人死亡》，载 http://life.gmw.cn/2014-05/10/content_11276539.htm，2014-05-10/2014-09-02，最后访问时间 2014 年 8 月 11 日。

② 赵秉志：《犯罪总论问题探索》，法律出版社 2003 年版，第 347 页。

生产中违法排污所致。在一些复杂的情况下，各种污染物经常需要经过生物、化学等反应，不断地聚合累积，最终才会对环境产生严重的损害。而且，来自环境自身的因素，往往也会对污染后果的形成造成影响。在各种复杂因素相互作用的情况下，污染行为与污染后果之间的刑法因果关系往往难以厘清。一种污染物的减少，可能并不会影响污染后果的发生，但污染物的现实存在，至少对污染后果的发生起到了一定的作用。即便如此，传统刑法因果关系理论在这种复杂的环境污染行为面前，可能无法得以适用。正因为如此，诸如日本等国家针对污染型环境犯罪的复杂因果关系提出了疫学因果关系理论推定因果关系存在。

第四，环境犯罪结果发生迟缓性。

污染型环境犯罪与其他犯罪相比，环境犯罪行为实施后，往往需要经历数年甚至数十年才会发生相应的危害结果，与一般犯罪行为发生后短时间内就会造成危害结果有明显区别。污染型环境犯罪的这一特性与其复杂的形成过程相关。例如，污染型环境犯罪的污染源可能复杂多样，同一危害结果的发生可能是由多个不同的排污主体分别排放的污染物经过长时间混合而成，而每个企业的排污行为单独并不会达到犯罪的标准。另有污染物需要陈年累月经过一系列物理、化学或生物反应后，最终才会导致环境污染发生的可能。而且，环境自身具有一定的自净能力，在一定程度上也会延迟污染结果的发生。

第五，环境犯罪后果的难以弥补性。

在环境犯罪中，生态环境作为直接遭受破坏或污染的对象，往往会给其自身带来难以弥补的后果。例如，在非法采矿等破坏性环境犯罪中，煤炭、金属等矿产资源在地球上的总储存量是有限的，而一旦被开采殆尽则意味着将难以甚至永远不会再生。林木虽然属于可再生资源，但其再生周期往往需要几十年的时间，一旦过度进行滥砍滥伐，不仅在短时间内无法恢复原有的森林覆盖率，而且水土流失、土地沙漠化并因此而造成的沙尘天气等一系列环境问题也将接踵而至，我国北方地区多年以来频繁发生的沙尘暴即很好地说明了这一点。因大气污染、水污染等造成的污染性环境犯罪中，因此给空气、水体乃至土壤造成的污染不仅严重影响到人类的生活环境，而且污染后果在相当长的时间内难以恢复，也正因此，我国近些年多地域发生的雾霾、江河污染等环境问题屡见不鲜，但要想改变这些污染现状不仅需要花费大量的人力、物力、财力，而且预期的成效并非能在短时间内一蹴而就，甚至难以得到修复。

正是由于环境犯罪具有以上与普通犯罪不同的特点，不仅严重影响到人类的生存和生活环境，而且此类犯罪尤其是污染型环境犯罪不仅涉及刑法学领域，还涉及生物、化学、物理等专业性极强的学科领域，在认定此类犯罪时往往十分困难，如因果关系难以认定，主观罪过难以证明，等等。基于此，有效解决刑事立法上存在的入罪难问题，成为打击环境犯罪所必须完成的前置性工作。就证明某些环境犯罪的主观方面而言，严格责任则成为国内外很多学者经常议论是否应当适用于环境犯罪的归责原则。

第二节　严格责任及其与相关概念的关系

严格责任究竟有多严格，以及在哪些犯罪中可以适用严格责任，这在英美国家也并没有形成一个十分标准的答案。在我国，学者对于严格责任的研究也比较多，但对于是否可以在我国刑法中确立严格责任原则，哪些犯罪罪名可以适用严格责任原则等问题，一直以来都存在着争议，未能达成共识。对于严格责任制度进行相对深入的了解，厘清其与我国刑法中相关概念的关系，则成为本书欲主张在环境犯罪中适当引入严格责任原则的前提。

一、严格责任的内涵

严格责任是大多数国家民事侵权法中适用的归责原则之一，其被适用于刑法领域，应追溯到 19 世纪末 20 世纪初。严格来说，严格责任（strict liability；liability without fault）一词最早属于英美法中的概念。随着社会的发展，为了解决起诉方在刑事证明过程中遇到的困难和满足社会和公众利益的需要，越来越多的国家开始在刑事领域探索使用严格责任制度。

（一）严格责任的由来

刑法中的严格责任制度最早可以追溯到原始自然正义观时的结果责任。[①] 所谓结果责任，即不问行为人的主观心理如何，只要客观上造成某种危害结果，便可对行为人定罪处刑。人类早期，刑罚的制定和使用均依据行为人所造成的损害结果进行判断，而不考虑主观罪过的有无。“欧洲古典时期，凡是给他人造成重大损害的行为都要受到神的严厉惩罚……一个人的行为造成了明显的损害结果时，他就应当对之承担责任。”[②] 此时的法律民、刑不分，报复主义思想盛行，主观罪过的有无对于结果的处置没有什么意义。在英国，普通法中运用的归责方式以因果关系是否存在为承担责任的依据。正如12世纪英国法律和习惯汇编中的格言：“无意中干了坏事的人，必须有意地对此作出赔偿。”[③]

然而，到了17世纪初期，随着刑法与民法相分离，人们逐渐认识到刑罚的残酷性，绝对不考虑行为人主观罪过的刑罚方式逐渐突显出其缺陷，主观因素作为刑罚的限定条件逐步得到重视和认可。“行为无罪，除非内心邪恶”[④] 作为早期基督教的思想，也充分反映出主观过错对于犯罪成立的重要性。在英国，随着资产阶级革命的胜利而兴起的自由主义、客观主义古典刑法则更加确定了主观要素在刑罚适用中的重要性，罪过成为所有重罪和多数轻罪所必须具备的构成要件，同样的原则也被运用于美国殖民地及后来的美利坚合众国。构成19世纪资本主义刑法金字塔的

---

① 秦荣萌：《当代刑法中的严格责任制度研究》，山东大学2011年硕士学位论文。

② ［英］J. W. 塞西尔·特纳：《当代刑法中的严格责任制度研究》，王国庆等译，华夏出版社1998年版，第6页。

③ 刘仁文：《刑法中的严格责任研究》，载《比较法研究》2001年第1期。

④ 储槐植、江溯：《美国刑法》，北京大学出版社2012年版，第50页。

三大法典即《法国刑法典》《巴伐利亚刑法典》和《德国刑法典》中也贯彻了罪过的思想。《法国刑法典》中使用恶意、知情、预谋、企图等词表示故意，使用轻率、疏忽、懈怠等词表示过失；《巴伐利亚刑法典》则利用大量条文说明故意、过失、轻率、错误等概念的含义及对定罪量刑的影响，确认了故意从重、过失从轻的原则；《德国刑法典》则在总则中规定了事实错误等条款，表明对罪过心理认识的深化。①

19 世纪末期的英美国家，随着经济的迅速发展，工商业活动蓬勃发达，各种危害公共健康与安全以及社会福利的违法犯罪行为日益增多。由于此类行为的特殊性，起诉方在证明此类违法犯罪行为的主观罪过方面往往遇到很大困难，按照传统的主观罪过认定标准往往很难达到定罪的要求，从而不利于打击犯罪，保护公众利益。针对这些问题，英美刑法采用严格责任，免除起诉方必须证明行为人主观罪过的责任，并将严格责任制度适用于“公共福利方面的犯罪”和“道德方面的犯罪”。由于这两类犯罪中的行为人实际上一般都存在主观过错，只是难以被证明，为了避免行为人以此为借口逃避惩罚，也为了防止同类案件在不同场合处罚不一，从保护社会和公众利益的需要考虑，立法者表明了对这类行为不可容忍和统一处理的态度。②

（二）严格责任的本质解读

对于“什么是严格责任”的问题，一直以来也是我国刑法学界很多学者争论的问题之一，至今仍没有形成一致的意见。既然严格责任最初来源于英美刑法，在此笔者欲通过介绍一些英美刑法著作中有关严格责任的观点，以便对严格责任有一个更为深刻的了解。

（1）严格责任犯罪是一种不要求主观过错的犯罪。严格责任是严格的，但不是绝对的。只有当考虑到被控犯有严格责任罪

---

① 姜伟：《罪过形式论》，北京大学出版社 2008 年版，第 26 页。

② 刘仁文：《刑法中的严格责任研究》，载《比较法研究》2001 年第 1 期。

行的被告享有哪些辩护理由时，才会意识到区分二者的重要性。因为，当某种犯罪是绝对责任时，被告将不享有任何辩护理由。而当它是严格责任时，被告则可能享有诸如强迫、自卫和无意识行为等辩护理由。①

（2）与上述观点相似，英国学者 J. C. 史密斯与 B. 霍根曾指出：某些对于特定行为的一个或多个行动要件不要求故意、轻率、甚至疏忽的犯罪被称为严格责任犯罪。通常的说法是，在这类犯罪中不需要证明“犯意”：仅仅根据犯罪行为就能给被告定罪。……其他的一般辩护——精神病、紧急行为、被迫行为和强迫行为——都应该像适用其他犯罪一样同等地适用于严格责任犯罪。②

（3）在某些特殊的犯罪中，即使被告的行为不具有对被控犯罪必要后果的故意、放任或过失，即使被告对必要的犯罪条件没有犯罪意识或行为过失，即使被告的行为是基于合理的错误认识即认为自己具有犯罪定义所规定的某个特殊的辩护理由，他也可能被定罪。在这种情况下，被告本人虽然没有任何过错，但却要承担刑事责任，这种责任称为严格责任。③

（4）严格责任是不需要有犯罪意图，只有行为就足以构成犯罪的情形……第一，犯罪意图可能与定罪完全没有关系。无论如何，有犯罪意图或无犯罪意图对严格责任来说可能都不是实质性的，我们把这称为严格责任的实体性解释。第二，起诉不要求有犯罪意图的证据，尽管被告人提出的无犯罪意图的证据可能排除他的责任。如果把有关犯罪意图的举证责任加给被告人，这种

① C. M. V. Clarkson and H. M. K Eating, Criminal Law, Sweet & Maxwell, 1998, at 207. 转引自：刘仁文：《刑法中的严格责任研究》，载《比较法研究》2001 年第 1 期。

② ［英］J. C. 史密斯、B. 霍根：《英国刑法》，李贵方等译，法律出版社 2000 年版，第 114、132 页。

③ ［英］鲁珀特·克罗斯、菲利普·A. 琼斯：《英国刑法导论》，赵秉志等译，中国人民大学出版社 1991 年版，第 67 页。

犯罪属于严格责任的情况。此类犯罪包括“犯罪意图的推定”，被告人可以对此予以反驳来逃避责任。①

（5）严格责任犯罪，是指不需证明被告人的任何主观过错；只要被告人在客观上实施了法律规定的犯罪行为而无须考虑他的主观心态。（These are crimes for which no culpable mental state at all must be shown；it is enough that the defendant has performed the act in question，regardless of his mental state.）②

从英美刑法学者对严格责任的定义可以看出，严格责任其实就是一种不问主观罪过的归责原则，即对于某些犯罪，不问行为人主观上具备故意或过失（在英美国家，主观方面分为故意、轻率或疏忽），只要行为人实施了法律规定的禁止行为或由此产生了某种危害结果，则其行为就构成犯罪。然而，那种拒绝被告人任何辩护理由的“绝对责任”在英美国家受到越来越多的批判，英美刑法学者所论及的严格责任多数情况下并非绝对排除被告人的辩护权。“许多案件中适用严格责任的目的是处罚那些由于过失而实施某种特定行为的人，法院却通过解释适用严格责任的法律规定，而对那些主观上无过失的人和有过失的人都同样处以刑罚，这是很奇怪的。现在一些法定的犯罪中，专门规定了可以用来辩护的理由，一旦起诉方证实被告实施了被控罪名的犯罪行为，被告方就可以用这些理由进行辩护。”③ 此处一般的辩护理由主要包括无意识行为、强迫行为、自卫行为、紧急行为等。正如学者所言，“责任是严格的，但不是绝对的”。④

因而，早期的严格责任确实与绝对责任无异，并在英美法系

---

① ［美］道格拉斯·N. 胡萨克：《刑法哲学》，谢望原译，中国人民公安大学出版社 2004 年版，第 212 ~214 页。

② ［美］史蒂文·L. 伊曼纽尔：《刑法》，中信出版社 2003 年版，第 21 页。

③ ［英］鲁珀特·克罗斯、菲利普·A. 琼斯：《英国刑法导论》，赵秉志等译，中国人民大学出版社 1991 年版，第 78 页。

④ ［英］J. C. 史密斯、B. 霍根：《英国刑法》，李贵方等译，法律出版社 2000 版，第 131 页。

刑法中得到了运用，但绝对责任绝对不考虑被告人主观过错的特点使得众多的英美学者也纷纷对其予以指责，现代意义上的严格责任大多数情况下已经与绝对责任有所区别。如美国学者道格拉斯·N. 胡萨克在介绍严格责任时，起初使用“绝对责任”的概念，但其后文又提出应对严格责任进行修正，承认一些辩护理由的存在，并且列举了“美国诉帕克案”的判决明确允许被告人以“无力阻止或从事违法行为”的理由进行辩护。[①] 英国学者在论述严格责任时，也提到“对主观上有过失的人和无过失的人处以同样的刑罚是很奇怪的……现在一些法定犯罪中，规定了一些被告的辩护理由，从而使不公正的程度有所减轻”。[②] 因此，现代意义上的严格责任通常已经赋予了被告人无过错等善意辩护权，其本质上属于过错推定责任。

与此同时，转而关注我国一些学者对于严格责任的定义和介绍，其中不免有可以商榷的余地。一种观点认为，严格责任，是指英美刑法在追究行为人刑事责任的过程中，免除了控诉方一部或全部犯意证明义务的一种归责原则。美国刑法中，严格责任可以等同于绝对责任，但在英国刑法中，严格责任与绝对责任区别明显。[③] 美国刑法中未将严格责任与绝对责任进行区分，严格责任犯罪属于完全不要求犯罪过错的犯罪。[④] 此类观点对于英、美两国严格责任的认识过于片面。一方面，无论是在美国还是英国，严格责任都有作为绝对责任“不允许任何合法辩护理由”的时候，例如英国早期发生的“普林斯案件”中，普林斯因引

---

① ［美］道格拉斯·N. 胡萨克：《刑法哲学》，谢望原译，中国人民公安大学出版社 2004 年版，第 212 ~222 页。

② ［英］鲁珀特·克罗斯、菲利普·A. 琼斯：《英国刑法导论》，赵秉志等译，中国人民大学出版社 1991 年版，第 78 页。

③ 陈清浦、郭亚：《刑法中的严格责任若干问题研究》，载《北京化工大学学报（社会科学版）》2004 年第 1 期。

④ 马岩：《探析英美刑法中的严格责任犯罪——兼谈对我国重大责任事故犯罪的借鉴》，广西大学 2011 年硕士学位论文。

诱一个不满16周岁的少女脱离其父亲的监护而被多数票裁决有罪，虽然普林斯有合理的根据认为该少女已有18岁了，但其仍不被允许争辩。[①] 该案中适用的就是绝对责任。另一方面，即便是在美国，严格责任也并不都是绝对责任。诚然，美国法律中确实存在绝对责任，主要散见于《食品法》《交通法》《污染防治法》等及其他性质相似的法规中，但这些条款多数都是有关人民大众的健康和福利的问题，表明了社会的严格要求，而且绝对责任条款一般只限于轻罪（一般只处以罚金）范围。此类犯罪在大陆法系一些国家及我国仅只是可受行政处罚的违法行为。《模范刑法典》更是对绝对责任基本持否定态度，它将绝对责任犯罪称为违法行为。绝对责任在美国颇受批判，近年来美国司法实践中出现了证明责任倒置的折中方式，允许被告人进行善意辩护。[②] 因此，绝对责任在现代美国刑法中也受到了越来越多的批判和限制。

又有观点认为，现代英美刑法当中，适用严格责任的犯罪具有以下特点：第一，行为人的行为引起了刑法规定的结果或不法状态，公诉人不需证明行为人主观罪过；第二，行为人以不可抗的原因作为辩护理由时，法院将不予采纳，即不允许被告人提出任何合法辩护理由。[③] 很明显，此种观点将英美刑法中的严格责任一律视为不允许辩护的绝对责任，该观点本身就有过于绝对之嫌。如前所述，虽然早期的英美刑法当中存在绝对责任，但现代英美刑法当中的严格责任基本都为被告人专门规定了可以用来辩护的理由。还有观点认为，"严格责任是指不具备犯罪心理的犯罪"。[④] 本书认为，"不具备犯罪心理"的犯罪实际上属于绝对严

① ［英］鲁珀特·克罗斯、菲利普·A. 琼斯：《英国刑法导论》，赵秉志等译，中国人民大学出版社1991年版，第67页。

② 储槐植、江溯：《美国刑法》，北京大学出版社2012年版，第54页。

③ 黄广进：《英美刑法中的严格责任再辩证》，载《江南大学学报（人文社会科学版）》2006年第2期。

④ 王晨：《我国刑法中规定了严格责任吗》，载《法学研究》1992年第6期。

格责任，有别于允许被告人享有无过错辩护权的相对严格责任，因而，不具备犯罪心理的严格责任实际上属于狭义的严格责任，也称无过错责任，与其相对应的是相对严格责任。

之所以我国学者会对严格责任的含义产生不同的认识，或许是基于以下原因：众所周知，严格责任是英美法系的舶来品，是由英文“strict liability”翻译而来。而“strict liability”则是1926年由佩西·温菲尔德在《绝对责任的神话》里第一次提出来代替绝对责任“absolute liability”，在英美法中“strict liability”常常又与“liability without fault”混用。[①] 正因如此，国内一些学者往往才会将严格责任与无过错责任或无过失责任相等同。

（三）严格责任的分类

严格责任在英美国家由来已久，经历了不同时代的发展变化，并且有着丰富的内涵。通常情况下，一般可以将严格责任进行以下分类：

1. 普通法上的严格责任与制定法上的严格责任

在美国刑法当中，由于从联邦到各州都已经实现刑法法典化，因而不存在普通法上的犯罪，也就更没有普通法上的严格责任了。[②] 在英国刑法中，大部分的严格责任犯罪都来自制定法，普通法上只有少数几种严格责任犯罪：第一，公害罪。公害罪是指违背法律或不履行法律义务，因而阻碍、影响或妨害女王陛下的臣民行使基本权利的行为；此罪必须有一部分公众受其损害。如阻碍公共交通、工厂的噪音等给公众带来的不便就是公害罪。该类犯罪在很多方面更像是民事行为而不是刑法中的典型犯罪行为。第二，中伤性诽谤罪。该罪主要指以长久性的形式公布对某人或一类人具有诽谤性内容的材料的行为。被告人如果能够证明

① 胡艳香：《外国侵权法中严格责任地位研究——兼论中国的相关问题》，厦门大学2007年博士学位论文。

② 刘仁文：《刑法中的严格责任研究》，载《比较法研究》2001年第1期。

所发表的内容未经其授权或毫不知情，且非被告人疏于适当注意或预防所致，则可以此进行辩护。第三，蔑视法庭罪。该罪是在案件审判过程中发表有关证据的不准确的文字，以至于可能影响陪审员的决定，即使发表者诚实且合理地相信所发表的内容是准确的。第四。亵渎性诽谤罪。如果某人长久性地公布了趋向于激怒和冒犯基督教徒的文字内容，他就犯了亵渎性诽谤罪，又称渎圣罪。上议院多数人对其予以否认，但在一定程度上其仍属于严格责任犯罪。[①]

英美法系的制定法在对某一犯罪进行定义时，通常使用“明知故犯”这类词句，以表明构成该类犯罪必须具备与犯罪行为相应的犯罪意图。立法机关很少明确说明哪些罪名应当适用严格责任，取而代之的是，制定法中往往省去犯罪的某些特别的主观要件。[②] 因而制定法中出现严格责任犯罪，一般是因特定的犯罪法律条文没有“明知故犯”这类词句，法庭在理解时也不想将此类意思加入进去，即不愿指明被告人至少涉及犯罪行为的要素时有主观过失。制定法规定的严格责任犯罪主要存在于诸如食品销售、房屋登记、使用假的或易混淆的商业说明书等问题上的管理性法规以及道路交通法规和一些财政金融法规中。

2. 绝对严格责任与相对严格责任

英美刑法学者曾将“严格责任究竟有多严格”视为严格责任最麻烦的问题。即便如此，我们仍然可以依据其严厉程度对其进行区分：法院仅依据被告人实施的行为或造成的法定结果就可以对被告人处以刑罚，而不允许被告人提出任何辩护理由的，可以将其界定为绝对严格责任；相反，不需要起诉方证明被告人的主观过错，法院依据被告人实施的行为或造成的法定结果可以对被告人处以刑罚，但允许被告人以无过失等理由进行合理辩护

---

① ［英］鲁珀特·克罗斯、菲利普·A. 琼斯：《英国刑法导论》，赵秉志等译，中国人民大学出版社 1991 年版，第 69 页。

② ［美］史蒂文·L. 伊曼纽尔：《刑法》，中信出版社 2003 年版，第 22 页。

的，则可以认定为相对严格责任。

绝对严格责任不允许被告以无过失等理由进行辩护，往往又称为无过失责任。英美刑法中早期的严格责任主要是指无过失责任，由于其具有相当的严厉性，很多英美学者对其予以批判。相对严格责任虽然无须起诉方证明被告人主观罪过，但允许被告人以主观不存在过错进行辩护，实际上仍然与主观归责相吻合，只是在主观证明标准上与普通犯罪的主观证明标准有所区别，由于其通过推定的方式认定被告人存在主观过错，理论上往往将相对严格责任又称为过错推定责任。现行英美刑法中的严格责任大多数都赋予了被告人相应的辩护权，因此，现在英美刑法中的严格责任通常都属于相对严格责任。

3. 公共福利犯罪的严格责任与道德犯罪的严格责任

英美国家，适用严格责任的犯罪主要有：强奸罪（指与未成年女性发生性关系 statutory rape）、重婚罪（bigamy）、出售掺假的药品或乱贴药物标签（mislabeling of drugs）、污染（pollution）、隐藏危险物品登机（anti - hijacking statute），等等。[①] 一般可以将这些适用严格责任的犯罪分为公共福利犯罪和道德犯罪。公共福利犯罪，是指违反公共福利管理法规，给社会带来高度危险的行为。例如，出售掺假的药品或乱贴药物标签、水或空气污染、隐藏危险物品登机等行为。传统意义的犯罪，是指自然犯，如谋杀、抢劫犯罪等，而公共福利犯罪并非“传统意义上或真正的犯罪”，但由于这类行为的侵害对象是不特定的社会公众，危害发生的概率很高而且结果往往也很严重，且诸如出售假药、污染等行为还具有很强的专业性，传统的罪行判断标准在认定此类行为的主观罪过时往往十分困难，要花费过高的成本，甚至会放纵犯罪。为了有效预防和打击此类犯罪行为，提高司法效率，维护公共福利，严格责任则被广泛地运用于此类犯罪。

道德犯罪是因行为人的行为违反了基本的人类道德准则而将

① ［美］史蒂文·L. 伊曼纽尔：《刑法》，中信出版社 2003 年版，第 21、24 页。

其规定为犯罪，而不管行为人是否存在故意或过失。如适用严格责任的强奸罪（与未成年女性发生性关系），只要被告人与未达法定年龄的女性发生了性关系就构成犯罪，而无须考虑被告人是否知道或应当知道该女性的真实年龄（in which the defendant is guilty if he has intercourse with a girl below the prescribed age, regardless of whether he knew or should have known her true age）；重婚罪中，即使被告人有理由相信离婚判决是有效的，或者前配偶已经去世，只要事实上符合重婚，其仍然会被定罪（under which the defendant is guilty even if he reasonably thought that a purported divorce decree was valid, or that the prior spouse had died）。[①] 在英美国家适用严格责任的犯罪中，公共福利犯罪占大多数，只有少数道德犯罪适用严格责任。

二、无过错责任

无过错责任有时也被称为无过失责任，也称为绝对责任，是指法律允许对某些缺乏犯意的行为追究刑事责任。[②] 从字面意思理解，无过错责任也即没有主观过错也应当承担责任，从刑法的角度来说，就是即使被告人在实行行为时不具备主观上的故意或过失，或者即使被告人是基于合理的错误认识而实行的行为，只要被告人在客观上实施了严重的危害社会的行为或造成了严重的危害后果，其行为仍将被认定为犯罪并被处以刑罚。

美国一些州的刑法典中有关于无过错责任的规定。如《伊利诺伊州刑法典》总则的“犯罪心理态度”中就规定：“绝对责任：如果这个犯罪是不受监禁或不超过500美元罚金的轻罪，其行为并无本法关于犯罪心态规定的任何一种心态的，或者规定此种犯罪的法律明显地表示立法目的对该行为施加绝对责任的，行

① ［美］史蒂文·L. 伊曼纽尔：《刑法》，中信出版社2003年版，第21页。

② 陈正云：《论英美刑法中的无过失责任》，载《中南政法大学学报》1993年第3期。

为人可以被判定为犯罪。”[①] 美国刑法中，将无犯罪心态的行为犯罪化的原因主要包括两方面：第一，社会的需要。绝对责任主要适用于企业犯罪，企业活动一般与公众福利的关系密切，为保护公众利益就有必要严格企业的法律责任。第二，诉讼的考虑。对于那些同企业合法活动连在一起的暗中进行的犯罪活动，检察官很难证明被告人的心理状态，因而实践中这些犯罪很难被检举控告，除非免去公诉人证明被告人有犯罪心理状态的责任。立法者可能认为不惜一切代价把这些活动规定为犯罪是必要的，甚至包括对没有犯罪心态的人定罪这样的代价。[②]

无过错责任的内涵是行为人没有主观过错仍要承担刑事责任，其与多数国家刑法规定的犯罪必须同时具备主客观要素相违背，因此，无过错责任在大多数国家的刑法中并无立足之地。英国现行刑法中适用的严格责任也并非是行为人没有过错的责任，而是不需要公诉机关证明行为人的主观罪过，但不需要证明主观罪过并不意味着其不存在，实际上，“被告人可以自己主观上不存在过错为辩护理由”这一规定就说明了如果被告人无过错仍然可以免责。因此，现代英国的严格责任通常并不是绝对责任。即便在美国，无过错责任的适用也有着严格的限制，其主要适用于有关民众健康和福利的领域，而且，无过错责任的条款一般仅限于轻罪的范围。近年来美国刑法的严格责任司法实践中，也开始注重赋予被告人法定的辩护理由。从这种意义上说，美国的严格责任也不再是传统的无过错责任，即“责任是严格的，但不是绝对的”。

总之，无过错责任是无须考虑行为人主观过错，仅依据客观危害结果就需承担责任的归责原则，即便行为人主观不存在过错也不可以以此作为辩护理由。相对于允许以无过错进行辩护的严格责任而言，无过错责任的严厉程度更大，属于早期的结果归

---

① 储槐植、江溯：《美国刑法》，北京大学出版社 2012 年版，第 53 页。

② 储槐植、江溯：《美国刑法》，北京大学出版社 2012 年版，第 53 页。

责，因此二者的差异也是明显的。但无过错责任与允许以无过错进行辩护的严格责任有着共同的地方，即在适用时均无须考虑行为人的主观过错，仅在是否允许“善意辩护”上有所区别，因此，我们可以将无过错责任理解为狭义的严格责任，即绝对严格责任。而广义的严格责任不仅包含绝对责任，还应当包括存在法定辩护理由及其他“善意辩护”的严格责任，即相对严格责任。

三、过错推定责任

刑法上的过错推定责任，是指根据行为人的行为客观上造成的严重危害结果，推定行为人主观上存在过错，并因此承担刑事责任，行为人可以无过错等理由进行辩护。与无过错责任一样，过错推定责任也无须公诉方对于行为人的主观罪过进行证明，而直接可以根据犯罪客观事实定罪量刑。但与无过错责任不同的是，过错推定责任虽然不需要公诉方证明行为人的主观罪过，但并非意味着缺乏主观罪过也可以构成犯罪；相反，过错推定责任与传统过错责任原则一样，认定犯罪时仍坚持主客观相统一原则。

过错推定责任的特点就在于，其直接推定行为人存在主观罪过而无须予以证明，从这一意义上讲，与英美刑法早期的严格责任有着相同的一面。同时，过错推定责任允许行为人以无过错等理由进行辩护，实际上也即行为人如果能够证明其主观上不存在过错等理由则可以免责，这一点又与不允许任何辩护的绝对严格责任相区别，正因如此，刑法理论上又将过错推定责任称之为相对严格责任，从而与绝对责任相区别。

不难发现，通常存在严格责任的现代国家，除了美国等极少部分存在绝对责任的法定场合下，大多数国家刑事立法中所规定的严格责任一般都属于过错推定责任。如在法国刑法中，对故意的举证责任通常由检察机关承担，但法院判例也承认某些犯罪中，仅依据对事实要件的确认即可认定犯罪心理要件的存在，只要允许当事人有提出相反证据的可能，那么这种认定与“无罪推定”的原则就不抵触。[①] 在英美法系中，早期的绝对严格责任得到修正，现在使用的严格责任已经要求犯意的存在，“它们是在假定有过错的基础上加以禁止的”，如果被告人能够证明自己不存在与犯罪行为相关的犯意，则不需要承担责任。[②] 在笔者看来，过错推定责任是通过已有的犯罪事实推定被告人主观上存在过错，包括存在故意或过失，从而免去公诉机关证明被告人主观过错的责任，对于惩治一些主观罪过难以证明，甚至无法证明的犯罪行为有着积极的作用。

四、严格责任与相关概念的关系

严格责任作为一项特殊的归责原则，与刑法中的其他相关概念也有着一定的联系。如英美刑法中的严格责任与替代责任都属于无过失责任的范围；严格责任不要求证明行为人主观过错的特点，与事实错误、法律错误都有着一定的内在联系；即便是意外事件，也可能与特殊情况下的严格责任有着一定关联。

（一）严格责任与替代责任

替代责任，又称代替责任，是指被告人对于他人（一般是指被告人的雇员或仆人）的行为承担刑事责任。英美刑法中，常见的替代责任主要发生在职业关系中，即雇主对其雇员在业务范围内实施的侵害行为负责。一般而言，雇员是为了雇主的利益而进行的活动，因而当雇员在业务活动中引起了伤害，法律规定由雇主承担这一后果。

替代责任在当前刑法理论界论及较少，一般都认为英美刑法中的无过失责任仅指严格责任。实际上，英美刑法中的无过失责

① ［法］卡斯东·斯特法尼：《法国刑法总论精义》，罗结珍译，中国政法大学出版社1998年版，第252页。

② 赵秉志：《英美刑法学》，科学出版社2010年版，第70~71页。

任不仅包括严格责任，还包括替代责任。[①] 在英美刑法中，构成替代责任必须满足以下几点：第一，替代责任中替代和被替代的主体必须是雇主与雇员或者是主人与仆人之间的关系。第二，作为被替代人的雇员或仆人实施了某项法令明确禁止的行为。实施了法律所明确禁止的行为是构成刑事责任的前提，也是雇主或主人承担替代责任的前提。第三，雇员或仆人实施的法令明确禁止的行为必须发生在执行雇主或主人交代的业务范围内。雇员或仆人是为了雇主或主人的利益，在执行相应业务活动中实施了某一法令明确禁止的行为。相反，如果雇员或仆人实施的法令禁止行为与执行业务活动无关，或并非因雇主或主人的利益而在执行业务过程中实施了法令禁止行为，则不构成替代责任，由此引发的刑事责任由雇员或仆人承担。第四，替代责任的形成，无须替代人与被替代人存在主观过错，即不考虑雇主或主人与雇员或仆人对于行为的发生是否具有故意或过失。

在英美刑法中严格责任与替代责任同属于无过失责任之列，即二者都认为被告人对行为导致的损害或后果不具有主观上的过错时仍应当承担刑事责任。但二者之间也存在明显的区别：第一，严格责任的被告人即为实施法令所禁止行为的行为人；替代责任的被告人并不是实施法令禁止行为的行为人，实施法令禁止行为的行为人只是被告人的雇员或仆人，行为人无须承担刑事责任，被告人作为雇主或主人代替其雇员或仆人承担刑事责任。第二，对严格责任而言，公诉人无须证明行为人的犯罪心态就可以直接指控行为人的犯罪行为；而替代责任中，公诉人需要查明主体（一般指雇主）的实际心态，即只有当主体对他人（一般指雇员）的犯罪行为不存在同意或默许的情况下才对他人的行为承担责任。如果主体对他人的犯罪行为存在同意或默许，则应当

① 陈正云：《论英美刑法中的无过失责任》，载《中南政法大学学报》1993 年第 3 期。

承担共同犯罪的责任。①

但英美刑法中的严格责任与替代责任之间并非存在着不可逾越的鸿沟，如有学者指出："当一个人因他控制下的人犯有公害罪而受到刑事指控，尽管他不知道公害事实的存在，他也要对该罪负替代责任。"② 此处的严格责任就包含了替代责任。《美国食品与药物法》中规定，如果雇员将不纯和掺假的食品和药品带入流通领域，不管他有无过错，都将追究刑事责任，而该雇员的雇主也将承担替代责任。③ 该法律条文的内容则既属于严格责任又属于替代责任。

（二）严格责任与法律错误

法律错误又称违法性错误，是指行为人实施行为时，对行为的法律性质发生错误的认识。一般表现为：误将自己的无罪行为认识为有罪行为，或者误将自己的有罪行为认识为无罪行为。

通常情况下，对于法律的无知并不能免除行为人的法律责任。这一说法在早期作为一条法律原则起源于诺曼底时代的绝对责任，即"不知法律不免责"。该条法律格言已成为司法实践中被长期遵守的一般准则，例如，其在英美刑法判例中适用的理由主要表现在：第一，为维护公共政策的需要。公共政策要求，负有遵守法律义务的人，不得主张不知法律。第二，维护公共利益的需要。为了维护公共利益，我们遵守法和法律，否则社会福利和国家安全就得不到保障。不允许任何人以不知法律为由逃避法律责任。第三，刑法得以有效实施的必要。司法机关往往很难查明行为人是否不知法律，如果被告人主张不知法律就免责，刑法就难以有效实施。④

---

① 王秀梅等：《美国刑法规则与实证解析》，中国法制出版社 2007 年版，第 126 页。

② ［英］鲁珀特·克罗斯、菲利普·A. 琼斯：《英国刑法导论》，赵秉志等译，中国人民大学出版社 1991 年版，第 68 页。

③ 刘仁文：《严格责任论》，中国政法大学出版社 2000 年版，第 44 页。

④ 张明楷：《刑法格言的展开》，北京大学出版社 2013 年版，第 377 页。

“不知法律不免责”对于一些国家的刑事立法产生了重大影响，有些国家的刑法典中对其进行了明确规定。如意大利《刑法典》第5条规定“任何人不得以刑事法律的不知为理由要求宽宥”。[①] 澳大利亚《刑法典》第9.3条规定：“即使在行为构成犯罪时，行为人对于直接或间接地创制犯罪，或者直接或者间接地影响犯罪的范围或者实施的法律的存在或者内容，存在误解或者不知，行为人仍然要对该罪负刑事责任。”[②] 同时，也有国家的刑事立法对于“不知法律不免责”这一原则有了例外的规定，认为法律错误在一定条件下可以减轻刑事责任或阻却刑事责任。如捷克《刑法典》第19条规定：“1. 在实施行为时因为不可避免的认识错误不知道行为具有违法性的，不具有罪过。2. 如果行为人负有了解基于本法、其他法律、官方决定、合同或者其职业、职位、职权所产生的义务或者行为人认识行为的违法性不存在明显困难的，属于可以避免的认识错误。”[③] 希腊《刑法典》第31条规定：“1. 仅仅是没有认识到犯罪性，不足以阻却责任。2. 如果行为人错误地认为他有权利实施该行为并且该认识错误是可以宽恕的，该行为不能归责于行为人。”[④] 日本《刑法典》第38条规定：“……即使不知法律，也不能据此认为没有犯罪的故意，但可以根据情节减轻刑罚。”[⑤] 德国《刑法典》第17条规定：“行为人行为时没有认识其违法性，如该错误认识不可避免，则对其行为不负责任。如该错误认识可以避免，则依第49条第1款减轻处罚。”[⑥] 法国《刑法典》第122-3条规定：“能证明自己是由于其无力避免的对法律的某种误解，本以为可以合法完成其行为的人，不负刑事责任。”芬兰《刑法典》第5章第

① 黄风：《最新意大利刑法典》，法律出版社2007年版，第7页。
② 《澳大利亚联邦刑法典》，张旭等译，北京大学出版社2006年版，第9页。
③ 《捷克刑法典》，陈志军译，中国人民公安大学出版社2011年版，第8页。
④ 《希腊刑法典》，陈志军译，中国人民公安大学出版社2010年版，第9页。
⑤ 《日本刑法典》，张明楷译，法律出版社2006年版，第21页。
⑥ 《德国刑法典》，徐久生、庄敬华译，中国方正出版社2004年版，第10页。

2 条规定："如果犯罪人，错误地认为其行为是合法的，而且如果该错误基于以下原因被认为是明显可恕的，则应被免除刑事责任：1. 法律的公布有瑕疵或有错误；……"① 马其顿共和国《刑法典》第 17 条规定："1. 若行为人确实不知道或不可能知道其行为已被法律明文禁止的，则其不应当负刑事责任。2. 若行为人本应知道，但事实上并未知道其行为已被法律所明文禁止，并实施该行为的，则可以对其从宽处罚。"② 我国刑法中没有规定不知法律不免责，但据笔者所知，刑事司法实践中没有因行为人不知道刑法条文的规定而免去行为人的刑事责任的做法。事实上，除了极少数精通刑法条文的专业人士外，绝大多数公民也不可能熟知具体的刑事立法规定，若"不知法律可以免责"则必将使得法律规定形同虚设，因此，"不知法律不免责"也是我国司法过程中所遵循的一般准则。

我国刑法理论界对于法律错误的认识主要有以下几种观点：(1) 以社会危害性为内容的违法性认识，是构成犯罪故意所必要的。但从法律意义上说，违法性认识又不是犯罪故意所必要的。现实生活中，对刑法条文掌握得十分娴熟的人只是个别的，如果要求每个犯罪人对于行为的法律性质都认识得一清二楚，否则就以其不知法律而免除其刑事责任，这样势必放纵犯罪，不利于保护社会利益。在这个意义上，不得因不知法律而免除刑事责任的原则才是正确的。③ (2) 一般来说，刑法一经公布进入实施，所有公民都被视为知法……个别人的不知法都不能成为逃避刑事制裁的理由。但是，在某些极为特殊的情况下，行为人由于客观环境的限制，确实不知也不可能知道法律规定的变化，也难以从常理判断其行为的社会危害性的，就不宜要求其为此种行为

① 《芬兰刑法典》，肖怡译，北京大学出版社 2005 年版，第 18 页。

② 《马其顿共和国刑法典》，王立志译，中国人民公安大学出版社 2010 年版，第 5 页。

③ 陈兴良：《刑法哲学》，中国政法大学出版社 2004 年版，第 53 页。

承担刑事责任。[①]（3）有学者提出了“相对的法律规范认知义务”的观点，即公民在一定程度上负有审查自己行为合法性的义务，因此，行为人因存在违法性错误而实施了被法律规定为犯罪的行为的情况下，如果他应该通过努力去确认自己行为的合法性，那么，该行为人将会因为没有履行或者没有很好地履行法律规范的认知义务而承担刑事责任。[②]（4）只要缺乏违法性的认识具有“相当的理由”，行为人认为其行为被法律允许具有“可以接受的理由”，就阻却责任。[③]总体看来，我国学者大部分都对法律错误采取了折中的观点，即一般情况下遵循“不知法律不免责”，特殊情况下，行为人因客观原因确实不知道法律的存在而做出的行为时则不应当为此承担刑事责任。笔者对此予以肯定，是否知道法律的规定属于主观认识的内容，往往只有行为人自己清楚，公诉机关往往难以证明，奉行“不知法律不免责”的一般原则可以有效防止行为人以此为借口逃避法律的制裁。同时，实践中也不排除有极个别因客观原因确实不可能知道某项法律条文的存在，通过常识也无法预料到其行为的违法性，而立法的目的是要求人民知法并守法，对于那些客观上绝对不可能知晓法律条文的行为人而言，如果一味地坚持“不知法律不免责”则会有客观归责之嫌，难免罪及无辜，实际上也与立法的精神相违背。因而，对于法律错误应当坚持以“不知法律不免责”为一般原则，特殊情况下也应当允许“不知法免责”的存在。

本书认为，绝对的“不知法律不免责”实际上排除了被告人辩护的可能性，即被告人不能以其不可能认识到行为的违法性作为辩护理由，因而此时的法律错误属于绝对责任；相对的“不知法律不免责”以不知法律不免责为一般原则，特殊情况下

① 马克昌：《刑法》，高等教育出版社 2007 年版，第 108 页。

② 于洪伟：《违法性认识理论研究》，中国人民公安大学出版社 2007 年版，第 125 页。

③ 张明楷：《刑法学》，法律出版社 2011 年版，第 302 页。

允许被告人以法律错误为辩护理由，属于相对严格责任。有学者明确指出，不知法律不免责并不是一项绝对的原则，其准确地表述应当是"虽不知法律但能知法律的不免责"，并认为不知法律的事实应当由被告人提出。[①] 实际上，这也正是肯定了"不知法律不免责"这一法律错误的相对严格责任属性。

（三）严格责任与事实错误

事实错误，是指行为人对自己行为的有关事实情况有错误的认识。事实错误主要包括客体错误、对象错误、手段错误、因果关系错误等。事实错误常常决定行为人是否构成犯罪、构成何罪及刑事责任大小。

有些国家规定事实错误不构成犯罪，无须承担刑事责任，如新加坡《刑法典》第 76 条规定："任何人……因事实错误而非法律错误所实施的行为，不构成犯罪。"[②] 印度《刑法典》第 76 条规定："……由于对事实的误解而非对法律的误解，善意地相信自己是依法而实施的行为，不构成犯罪。"罗马利亚《刑法典》第 33 条规定："行为人行为时对确认其行为刑事违法性的决定性状态、情形或情节不具有明知的，其行为不构成犯罪。"[③] 另外，有些国家刑法规定事实错误不构成犯罪，但如果行为人对事实错误存在过失的，则在过失范围内可能构成犯罪，如希腊《刑法典》第 30 条规定："如果在实行行为时对构成要件事实没有认识的，不能将该行为归责于行为人。但是，如果对这些事实没有认识可以归责于是因该行为人的过失的，作为过失犯罪追究刑事责任……"[④]《澳大利亚刑法典》第 9.1 条规定："如果符合以下情形，则行为人对于具备与除疏忽以外的过错要素相对应的

---

① 张明楷：《刑法格言的展开》，北京大学出版社 2013 年版，第 392 页。

② 《新加坡刑法》，刘涛、柯良栋译，北京大学出版社 2006 年版，第 13 页。

③ 《罗马利亚刑法典》，王秀梅、邱陵译，中国人民大学出版社 2007 年版，第 9 页。

④ 《希腊刑法典》，陈志军译，中国人民公安大学出版社 2010 年版，第 9 页。

行为要素的犯罪不负刑事责任：（a）当行为构成行为要素时，行为人处于对事实有误解或者不知的状态……”① 马其顿共和国《刑法典》第16条规定：“1. 当行为人实施危害行为时，并未意识到其行为的性质的，或其错误地认为存在某种允许实施该行为的特殊情况，而事实上该种情况并不存在的，则其不应当负刑事责任。2. 若行为人是出于过失发生了认识错误而实施了某种行为，并且若法律明确规定了该过失行为的刑事责任的，则其应对其行为负有刑法上的过失责任。”② 芬兰《刑法典》第4章第1条规定：“如果行为实施之时，犯罪人并未意识到具备犯罪既遂的法定构成所要求的所有要素，或者犯罪人错误地判断了该要素，则不是故意犯罪。但是，依照过失的刑事责任的规定，过失犯罪的责任可以成立。”③ 捷克《刑法典》第18条规定：“1. 在实施行为时对作为犯罪构成要件的事实没有认识或者没有预见的，不能成立故意；但这不影响对行为人追究过失犯罪的责任……”④

在我国刑法理论上，事实错误主要存在三种形态：第一，犯罪事实原本不存在但行为人误以为存在。对于此种情况，由于没有犯罪事实的存在，因此根本不可能构成犯罪。第二，犯罪事实原本存在但行为人误以为不存在。此时，虽然犯罪事实存在但由于行为人主观上没有犯罪的故意，如果行为人存在过失，则构成过失犯罪；如果行为人不存在过失，则属于意外事件。第三，行为人将此类犯罪事实误以为其他犯罪事实。此类情况应根据实际情况判断。如甲故意伤害乙，但乙实际正在执行公务，甲对此并不知道也不可能知道。该案的犯罪事实是甲妨害了乙执行公务，但甲误将此犯罪事实认为是甲故意伤害乙的犯罪事实，甲对妨害

---

① 《澳大利亚联邦刑法典》，张旭等译，北京大学出版社2006年版，第9页。

② 《马其顿共和国刑法典》，王立志译，中国人民公安大学出版社2010年版，第5页。

③ 《芬兰刑法典》，肖怡译，北京大学出版社2005年版，第18页。

④ 《捷克刑法典》，陈志军译，中国人民公安大学出版社2011年版，第8页。

乙执行公务没有主观故意，因此，甲仅可能构成故意伤害罪。又如丙故意伤害丁，且仅有伤害的故意，但最终导致丁死亡。对于丁的死亡不属于丙的故意范围，但丙对此犯罪事实存在过失，因而仍需对丁死亡的结果承担责任，丙的行为属于结果加重犯。

通常情况下，行为人对事实的误解而善意地相信犯罪事实不存在时，事实错误阻却故意，要么行为人存在过失，要么属于意外事件，因而会减轻或免除行为人的刑事责任或不构成犯罪。但在诸如上文所列举的结果加重犯中，事实错误并不导致责任的减免，此时并未考虑行为人主观过错，即无须另外要求公诉机关证明行为人对于加重结果的主观表现，符合严格责任的特点。

（四）严格责任与意外事件

刑法上的意外事件，是指行为人虽然客观上造成了一定的损害结果，但并非出于行为人的故意或过失，而是由于不可抗拒或无法预见的原因造成的。我国《刑法》第16条明确规定意外事件不构成犯罪。

由于意外事件的表现形式包括行为人无法预见而导致危害结果的发生，无法预见是行为人出于案发当时情况下的主观反映，因此，对于行为人是否真的无法预见则往往难以证明，司法实践中难免就会出现行为人确实无法预见但司法机关判定行为人应当预见而没有预见的情况，从而使得行为人承担起疏忽大意的过失责任。为此，有学者指出在认定是否属于疏忽大意的过失或意外事件时应注意：第一，从分析行为入手，根据行为本身的危险程度、行为的客观环境及行为人的智能水平，判断行为人在当时的情况下能否预见危害结果。第二，不能因为结果严重就断定行为人能够预见，应当预见。只要行为发生了严重结果，就千方百计追究行为人刑事责任的做法，是结果责任的残余，违反责任主义原则。第三，不能因为行为人实施的是不正当行为，就断定他能够、应当预见自己行为的一切后果。特别是不能因为行为人的行为本身不构成犯罪，就针对其不能预见的结果追究疏忽大意过失犯罪的刑事责任。第四，要注意案件的特殊环境，不能离开行为的客观环境判断行为人能否预见。[①]

严格责任不问主观罪过，仅依据危害结果就对行为人定罪。有学者认为，对于行为人无法预见的意外事件往往也可能因司法机关适用严格责任不考虑行为人的主观罪过而将其定罪量刑。因此，理论上不排除有些本属于意外事件的案件，因为适用严格责任而有构成犯罪的可能。[②] 本书认为，严格责任中的被告人享有无过错辩护权，当某一意外事件通过适用严格责任进而追究行为人的刑事责任时，行为人完全可以证明自己无过错进行免责，因此严格责任并不绝对会导致意外事件中的行为人被处以刑罚。而绝对责任中，由于完全不考虑行为人的主观罪过，即便行为人无过错同样可以依据客观行为或事实对行为人定罪量刑，因此，意外事件中的行为人完全可能因为适用绝对责任而承担刑事责任，这也反映出绝对责任一旦在刑事领域中适用则可能给刑事司法带来的不公正后果。

（五）严格责任与刑法上的因果关系

因果关系是刑法学当中的一个重要概念，其意义主要在于确认构成要件的结果是由谁所实施的行为引起的，以及这种行为构成什么罪，以便提供成立该种犯罪的刑事责任的客观依据。[③] 刑法因果关系问题一直是国内外刑法理论研究的重要内容，并且由此形成了各种学说。在大陆法系刑法理论中，因果关系理论主要存在条件说、原因说、相当因果关系说、客观归责理论；而在英美法系刑法理论和实务中，因果关系理论主要表现为双层次因果关系理论，即事实上的因果关系和法律上的因果关系。[④]

我国刑法学界对于因果关系的研究始于20世纪50年代，由于受到苏联刑法理论的影响，我国刑法因果关系的研究与哲学因

① 张明楷：《刑法格言的展开》，北京大学出版社2013年版，第356页。
② 刘仁文：《严格责任论》，中国政法大学出版社2000年版，第56页。
③ 马克昌：《犯罪通论》，武汉大学出版社1999年版，第210页。
④ 储槐植、汪永乐：《刑法因果关系研究》，载《中国法学》2001年第2期。

果关系有着密切的联系，并形成了必然因果关系说和必然、偶然因果关系说，之后由于受到大陆法系和英美法系刑法理论因果关系学说的影响，在理论界出现了修正的条件说、相当因果关系说、双层次因果关系说、客观归责理论等学说。[①] 无论是上述哪种因果关系学说，虽然在认定犯罪因果关系时适用的方式、方法存在差别，但各种传统学说均存在共通之处，即在探寻因果关系时，只有认为原因和结果之间具备引起和被引起的关系时，才成立刑法上的因果关系。

必然因果关系说认为，当危害行为中包含着危害结果产生的根据，并合乎规律地产生了危害结果时，危害行为与危害结果之间就是必然因果关系。[②] 绝对责任则完全不考虑行为人的主观过错，仅依据危害行为和危害结果的客观事实就可以直接定罪，实际上也是肯定了客观犯罪事实与刑事责任之间具有必然的因果关系。因此，绝对责任在定罪中不考虑主观要件，仅依据客观事实进行刑事归责的特点，与必然因果关系说关于行为与结果之间存在必然因果关系的观点有着极其相近的一面。

相较于绝对责任而言，相对严格责任虽然在犯罪构成要件的证明上，不需要公诉方证明犯罪主观要件，而是依据犯罪事实推定其存在。但同时行为人可以无过错等理由进行辩解，这种情况下，通过推定主观罪过的存在而认定的犯罪构成就已经被推翻。与必然因果关系相比，相对严格责任中对于犯罪事实与刑事责任之间的刑法因果关系因存在被告人辩护权而相对有所放宽。因此，相对严格责任实际上也是对必然因果关系说的否定，相对而言与客观归责理论则更为接近。

相当因果关系说一般是根据社会生活经验，在通常情况下，某种行为产生某种结果被认为是相当的场合，行为和结果就具有因果关系。其中，关系相当性的判断，又存在三种观点：一是客

---

① 李霞：《环境犯罪因果关系研究》，昆明理工大学2012年博士学位论文。
② 张明楷：《刑法学》，法律出版社2011年版，第180页。

观说，主张以行为时的一切客观事实作为基础进行判断；二是主观说，主张以行为人认识到或可能认识到的事实为基础进行判断；三是折中说，主张以一般人能认识到的以及行为人特别认识到的事实为基础进行判断。① 显然，客观说的观点以行为时的客观事实作为基础，而完全不考虑行为人的主观认识能力，与绝对责任比较接近。而主观说或折中说，均在不同程度上考虑了行为人的主观认识能力，与相对严格责任有着相似之处。

双层因果关系理论所包含的事实因果关系和法律因果关系，实际上分别研究的是因果关系的本体问题和结果责任的归属问题。事实因果关系是客观存在于外界的行为与结果之间的客观联系，与人的主观认识和法律明文规定没有多大联系。法律因果关系则是事实原因中，能被法律认为应让行为人对危害结果承担刑事责任的原因。② 法律因果关系的判断，也就是确定行为与结果之间刑法因果关系的问题。当行为与结果之间没有其他因素介入时，行为与结果之间就成立刑法上的因果关系。当行为与结果之间存在纯属于偶然或巧合，且按照一般生活常识被告人也不可能预见的介入因素时，就中断行为与结果之间的因果关系，二者之间就不存在刑法上的因果关系。③ 因此，法律因果关系在双层次因果关系中，不仅扮演了对具有刑法因果关系的行为人进行刑事归责的角色，同时也承担着避免对不具有刑法因果关系的行为人无辜归责的出罪责任。而相对严格责任在推定被告人具有主观过错后，允许行为人进行辩护的特点，显然与双层次因果关系存在着相近的地方。

相对于传统刑法因果关系理论而言，基于污染型环境犯罪因果关系的复杂性和其认定上的困难，日本刑法理论主张将疫学因

---

① 张明楷：《刑法学》，法律出版社 2011 年版，第 176 页。

② 张绍谦：《刑法因果关系研究》，中国检察出版社 2004 年版，第 6 ~7 页。

③ 黎晹：《普通法刑法因果关系判断方法考察》，载《比较法研究》2012 年第 1 期。

果关系作为判断环境犯罪因果关系的理论，并在司法实践中作为解决公害犯罪因果关系的根据。[①] 疫学因果关系通常指关于被害发生的原因，通过以往查明结核病流行的方法即“疫病学”方法进行证明，从而推断侵权行为和被害结果之间的因果关系。[②] 与传统因果关系理论认定因果关系遵循因果之间存在引起与被引起的关系相比，疫学因果关系采用疫病学的方法，只要原因与结果之间存在高度盖然性的可能，就推定因果关系成立。对于因果关系难以认定的污染型环境犯罪而言，疫学因果关系在认定犯罪上所带来的便利显而易见，对于打击当前严重的环境犯罪行为有着重要作用，也正是如此，我国也有一些学者主张在环境犯罪中引入疫学因果关系理论。

环境犯罪司法实践中，严格责任在认定被告人是否存在主观过错时主要采取推定的方式，即推定行为人存在主观过错，同时，被告人可以“无过错”等理由进行辩护。换言之，被告人如果不能提出“无过错”的辩护理由，则推定即具有定罪的法律效力，被告人将承担败诉的风险。而疫学因果关系理论在适用过程中同样也采取了推定的方式，即首先依据疫学因果关系理论为基础，由控诉方证明污染行为与损害结果之间存在高度的盖然性，即推定行为与结果之间存在因果关系，如果被告人不能证明损害结果不是由自己的行为所造成，那么关于盖然性疫学因果关系的推定就具有定罪的法律效力。[③] 严格责任与疫学因果关系理论在环境犯罪司法实践中，通过推定被告人存在主观过错或是推定存在刑法上的因果关系，从而更好地认定并打击犯罪，二者在降低控诉方的举证难度时所采取的推定方式如出一辙。

---

① 蒋兰香：《日本疫学因果关系理论及其对我国环境刑事司法的借鉴》，载《刑法论丛》2010 年第 1 期。

② 冷罗生：《日本公害诉讼理论与案例评析》，商务印书馆 2005 年版，第 49 页。

③ 张霞：《环境刑法中的因果关系推定原则探讨》，载《山东警察学院学报》2008 年第 4 期。

第二章　严格责任在域外环境犯罪中的运用

无论是在我国还是在域外，犯意通常是行为构成刑事责任的必要条件之一。行为人被认定构成犯罪并需要承担刑事责任，不仅因为其在客观上实施了法律禁止的行为，而且因为其行为时具有特定的犯意。在英美法系国家，这种犯意主要表现为蓄意、明知、轻率或疏忽等；在大陆法系国家，犯意被称之为罪过，主要表现为故意和过失。到了19世纪末20世纪初，伴随着工商业的不断壮大，工商业活动日益频繁，民众的健康和公共安全备受关注，侵犯公共福利的犯罪得以出现。为了有效惩治公共福利方面的犯罪，严格责任得以在刑事司法中被使用，并且在这一过程中，其适用的范围和标准也逐渐得到改善。作为公共福利犯罪的重要组成部分，严格责任在打击域外环境犯罪中发挥了重要作用。

第一节　严格责任与英美法系代表性国家环境犯罪

严格责任是英美法系所特有的一项刑法制度，其存在的目的是强化社会责任心，防患于未然。在英美国家，严格责任适用于刑事领域主要存在两个理由：第一，随着社会的飞速发展，公共利益中的风险不断增加，对一些特别的利益需要刑法给予其严格的保护。如向未成年人售酒，会导致未成年人的身心健康遭受损害，因此法律规定，行为人向未成年人售酒的，不要求行为人对未成年人的年龄具有犯罪心态。另外，严格责任还主要适用于毒品犯罪、交通事故、环境污染、通货膨胀等具有极大风险的社会领域。第二，某些对公共利益具有严重危害性的犯罪的取证非常困难，依据传统的诉讼程序去证明行为人的犯罪心态往往存在很大困难，甚至不可能实现。如果将故意或过失等犯罪心态作为犯罪的成立要件，则往往会使一些罪犯逃脱刑罚，危及公共利益的安全。[①]

在环境犯罪中适用严格责任也是英美国家的一大特色。英国和美国作为英美法系的典型代表国家，其各自刑法中关于严格责任的规定由来已久，环境犯罪中当然也不例外，本书在此以英国和美国刑法中的严格责任制度，及其在环境犯罪中的适用情况，略作论述。

一、严格责任与英国环境犯罪

早期的英国普通法中，心理要素是构成犯罪的必要条件。只有法定的心理要素（心理状态）也同时存在时，一个人才能对他的行为负刑事责任，这里的心理要素在传统上被称为犯意。这一项原则在拉丁格言中被表述为：没有犯罪意图的行为不能构成犯罪（actus non facit reum nisi mens sit rea）。[②] 直到19世纪末20世纪初，随着工业革命造就了社会经济活动的频繁发生，一些危害社会公共福利和安全的违法犯罪行为越发严重，严格责任才逐步得以确立。

（一）英国刑法中的严格责任

在英国，严格责任犯罪大部分都来自制定法，普通法中，通常只有公共妨害罪、刑事诽谤罪、蔑视法庭罪和渎圣罪适用严格责任。制定法在定义某些罪名时，没有对该罪的主观要件进行明

① 李春雷、张鸿巍：《外国刑法学概论》，北京大学出版社2011年版，第313页。

② ［英］J.C. 史密斯、B. 霍根：《英国刑法》，李贵方等译，法律出版社2000年版，第36页。

确，而将其留给法官进行解释。现在英国法院的法官在考虑是否适用严格责任时，一般会遵循以下几点：第一，由于在普通法的发展过程中就已经确立了主观要素对于犯罪的重要性，因此，通常情况下，即使法律条文没有明确规定某一罪名的主观要素，或者对于是否应当具备某一主观要素存在争议时，法官仍然会首先认定该罪名需要考虑主观要素。第二，法官可以根据具体条文的内容、犯罪的公共关系及其罪名的属性，来推断某个罪名属于严格责任犯罪，从而使对于罪名必须考虑主观要素的认定得以推翻。第三，法官也会根据刑罚的轻重来判断是否适用严格责任，一般而言，刑罚越重，则越不可能适用严格责任。但如果行为人可能给社会造成的危害大于适用严格责任给其带来的不公正，法官也可能推断应当适用严格责任。第四，法律的立法目的可以决定将某些具有公共危害性的行为视为严格责任犯罪。①

严格责任最早在英国刑法案例中得以适用，第一个被公认属于严格责任的案件是发生在 1846 年的 Woodrow 案。在该案中，被告 Woodrow 虽然不知道其出售的烟草中掺假，但仍被指控犯有掺假烟草罪。公诉方强调该项立法的目的是保护国家的税收，而且立法中并没有使用“明知”或其他类似的词语。法院依据立法中赋予公诉方以在无“欺诈故意或违反本法的故意”情况下也能够提出起诉的权力的条款进行判决，即纵然被告人无欺诈或违法故意也可以被定罪。该案的判决理由在于：由于要求明知而给公众带来的危害远远大于因不要求明知而给被告人本人带来的不公正性，被告人已尽了合理注意的事实并不能使被告人免除责任。②

另外，Hobbs 诉 Winchester 公司一案的判决理由也有着极为相似的地方。在该案中，Hobbs 作为一个出售肉类的商贩，为依

① 袁益波：《英国刑法的犯罪论纲》，知识产权出版社 2007 年版，第 113 页。

② ［英］J. C. 史密斯、B. 霍根：《英国刑法》，李贵方等译，法律出版社 2000 年版，第 116 页。

据《公共健康法》而销毁的变质肉诉请赔偿。该法规定，任何人非因本人过错而蒙受的损失都可以要求赔偿。Hobbs 没有意识到而且即使经过合理的期待他的检测也无法发现出售的肉是变质的。然而，上诉法院却认为原告 Hobbs 是存有责任的，因为他构成了出售变质肉的罪行。上诉法院主审法官给出了以下理由：该法明确及重要的目的是尽可能保护购买者避免购买和消费不适于作为人类食品的有害的和变质的肉类，而这种购买在大部分人看来对人类生活是必要的；我认为，从该法及其目的所推断出的自然意义是法律处罚无辜出售变质肉而给肉商带来的危险远远小于因在每个案件中要求证明犯意而给公众带来的危险。我认为，该法应采取这样的政策：假如一个人为获利选择从事可能给人类健康带来死亡或伤害危险的出售业务，他就必须为此而承担一定的风险。任何选择从事此业者都不能说除非店中有台分析仪，否则不能发现变质。这不能成为一个有力的辩护。①

上述两个案例中，被告人虽然不存在故意或过失，但主审法官仍然基于社会公共利益的需求而判决被告人有罪，且认为被告人的无过错辩解不能作为辩护理由，很显然属于“绝对责任”。在这种情况下，只要被告人具备了犯罪的一些特定因素，其对于事实的无知或者认识上的错误，均不得作为辩护的理由。虽然这种严格责任被一些学者指责不公正，但仍然在众多的案例中得到了适用，其理由主要表现在以下几点：（1）严格责任有利于保护公众利益。自 19 世纪以来，为了保护公共场所的公众安全，议会在大量的立法中确立了严格责任犯罪，从而通过法律提醒潜在的危害人采取更加谨慎的措施来防止危害结果的发生。例如，在毒品犯罪中，如果不对其采取严厉的控制措施，则可能造成的后果要比惩罚无辜者造成的后果更严重，因而行为人即使不知道租户在自己的房屋中吸毒，也应当承担刑事责任。除此之外，在

① ［英］J. C. 史密斯、B. 霍根：《英国刑法》，李贵方等译，法律出版社 2000 年版，第 117 页。

环境污染类犯罪、公共食品安全类等犯罪中适用严格责任也成为了普遍现象，因为如果行为人产生了一个风险并且从中获利，那么就必须对风险产生的危害承担责任。严格责任的适用可以使行为人采取一切可能的措施防止危害结果的发生。（2）严格责任有利于节约司法成本。严格责任不需要控诉方提供证明被告人主观心态的证据，只需要证明被告人实施了一定的法律所不允许的行为，对于控诉方完成证明责任更为容易。要求法官认定被告人明知一定的事实会使得案件变得更为复杂，而且，在很多适用严格责任的犯罪中，被告人往往是公司，而证明公司具有犯罪主观要素则更是一件十分困难的事，而严格责任则可以很好地克服这个难题。①

与此同时，反对者也给出了自己的理由，在反对者看来，控诉方可能发现犯罪意图难以证明的这个事实，不能用来作为剥夺被告的传统的辩护权利的理由。无论如何，即使在一些特定案件中证明被告人的犯罪意图是不可能的，但也不能因此而走向另一个极端，即彻底否认被告人的心理状态与刑事责任问题之间的关系，因为还存在无过失等其他的辩护理由，因此，仅仅为了诉讼活动的方便而摈弃对于犯罪意图的要求是不妥当的。法院在判决时必须要考虑被告人的犯罪意图。而且，在人们虽然尽量避免违反管理法规却仍然可能会违反的情况下，严格责任的适用并不能发挥效力。②

严格责任在对于公共利益的保护和节约司法成本等方面带来的便利，使得司法实践中法官都愿意在一些案件中选择适用。然而绝对不考虑被告人主观过错的严格责任对于被告人人权保障的侵犯也遭到了越来越多学者的批判。正因如此，一种赋予了被告

---

① 袁益波：《英国刑法的犯罪论纲》，知识产权出版社 2007 年版，第 111 ~ 112 页。

② ［英］鲁珀特·克罗斯、菲利普·A. 琼斯：《英国刑法导论》，赵秉志等译，中国人民大学出版社 1991 年版，第 78 页。

人法定辩护理由的相对严格责任在博弈中应运而生。其中，无过失就是辩护理由之一。被告人采取无过失辩护时，需要提出证据证明他不知道被指控罪名的某一特定要素或对特定要素不存在过失。另外，有些法律规定被告人也可以“第三者作为辩护理由”，此时被告人不仅要证明自己没有过失，而且要证明被指控的犯罪事实是有第三者的行为或过错所引起的。[①]

在善意辩护中，控方以严格责任起诉某一犯罪事实时，允许被告人以合理且诚实的理由证明自己没有主观过错，若因此说服了陪审团或法官，则将被免责。如英国1905年的伊沃特案判决中，爱德华法官认为：虽然起诉时控方不需证明被告人的行为是出于明知或故意，或受某种犯罪心态支配，但被告人可以向法院证明其事实上不存在犯罪心态而免责。[②] 然而，由于善意辩护需要被告人承担举证责任，而英国的一些法官仍然坚持举证责任应由控方承担，他们认为若确实觉得被告人冤枉，可以采用重新解释法条，使该法条包含过错要求而起诉方因没能证明该过错免除被告人的责任。即便如此，善意辩护实际上是将“无过失”等法定辩护理由在实践中更广泛地运用，从而不仅在英国刑事司法中得到体现，一些英联邦国家也对其进行了肯定。如在澳大利亚，除非法律明文禁止某种辩护，否则对一切严格责任都适用善意辩护。在新西兰，只要被告人对认识错误提供了合理依据，此后的证明责任就转移到控方，由控方证明被告人没有认识错误。在加拿大，最高法院在1985年作出决定：凡判处被告人监禁的犯罪，均允许善意辩护，不允许善意辩护的绝对责任有违《权利自由宪章》。[③]

---

① ［英］鲁珀特·克罗斯、菲利普·A. 琼斯：《英国刑法导论》，赵秉志等译，中国人民大学出版社1991年版，第79页。

② 赵秉志：《英美刑法学》，科学出版社2010年版，第72页。

③ 赵秉志：《英美刑法学》，科学出版社2010年版，第72页。

（二）英国环境犯罪中的严格责任

在英国，严格责任最早在1868年的赖兰兹诉弗莱彻一案中得以运用并因此而闻名。在该案中，弗莱彻要建一个蓄水池，为此他雇用了一个承包人具体负责蓄水池的建设，由于建筑过程中承包人失误，导致蓄水池漏水淹没了赖兰兹的矿。虽然事实上弗莱彻并不存在过失，而是承包人的过失造成了蓄水池漏水，但上议院在判决时认为，弗莱彻要对漏水承担责任，而不管该蓄水池是弗莱彻本人所建还是承包人所建，也不管弗莱彻本人是否有过失。另外，上议院在作出该判决理由时，还指出了一个实质性事实：一个人在自己的土地上储存了“危险的物体”，在该物体逸出时，他就负有严格责任。①

环境犯罪是英国刑法中严格责任得以适用的重要领域之一。通常认为，英国刑法中最早出现的环境犯罪适用严格责任的规定，应当追溯到1951年时英国的《水污染防治法》。在此以后，有关环境犯罪中适用严格责任的规定则越来越普遍，如1955年的《食物、药物法》、1956年的《空气清洁法》以及1971年的《滥用药物法》等法律中都出现了环境犯罪适用严格责任的规定。② 在具体内容上，如1956年英国的《空气清洁法》中规定，无论行为人是否存在主观的故意或过失，只要烟囱冒浓烟的，行为人就应当承担过失责任之外的无须考虑过失的刑事责任。1974年，在1951年英国《水污染防治法》的基础之上进行规定的《污染控制法》中同样出现了严格责任的规定，该法第31节第7条中规定，任何人致使有毒或有害物质进入水体，并因此引起水污染的，均应被判处不超过2年的监禁或罚金，或同时处以监禁

① 董茂云：《法典法、判例法与中国的法典化道路》，载 http：//www. 110. com/ziliao/article - 2855. html，2005 - 01 - 28/2014 - 07 - 30，最后访问时间2014年8月11日。

② 付立忠：《环境刑法学》，中国方正出版社2001年版，第223页。

和罚金。[1]

英国早期的环境犯罪严格责任制度发展过程中，实际上也存在着不考虑行为人过错的犯罪情形。如 1972 年的 Alp gacell 有限公司诉 Woodward 造纸厂一案就被学界公认为是环境犯罪适用绝对责任的例证。在该案中，造纸工厂在生产中由于废水过滤器被阻塞，导致生产废水溢出并流入河流，并且超过了相关法律规定的排放标准，从而构成了污染犯罪行为。英国最高法院在判决过程中认为，行为人是否具有犯罪意思并不是环境犯罪的构成要件，被告工厂不得以不知情或无过失为由来逃避应承担的刑事责任，但被告若能证明污染是由第三人的行为或是由于不可抗力造成，则被告工厂可免除刑事责任。上议院则认为，在违反《河流污染防治法》引起河流污染行为定罪之前，任何知识、意图及过失证据都是没有必要的。与此判决相似，在 1975 年的 Price 诉 Cromick 案件中，造纸厂由于废水过滤器设备阻塞，导致废水溢出流入河流，排放超过管制标准，造成污染及河鱼死亡，法院在审理时认为，行为人的犯意不是构成环境犯罪的要件，工厂不能以不知情或不是故意作为而逃避刑事责任。[2] 这种不要求犯意而仅依据被告人的客观行为即可让被告人承担刑事责任，也不允许被告人进行善意辩护的做法显然有失公正。也正是考虑到绝对责任的不公正，“无过失”和“第三人过错”等辩护理由在之后的发展中被作为严格责任的辩护理由依法予以了规定。

二、严格责任与美国环境犯罪

美国刑法中，一般的犯罪构成也强调主客观要件的统一，单纯实施某一危害行为而缺乏主观心理要件时并不构成犯罪。行为构成犯罪则必须具有相应的犯罪心态，以《模范刑法典》为代

---

① 何欣：《论国际环境犯罪的严格责任》，新疆大学 2007 年硕士学位论文。

② 雷鑫：《生态现代化语境下的环境刑事责任研究》，知识产权出版社 2010 年版，第 142 ~143 页。

表的美国当代刑法中的犯罪心态主要包括四种，即蓄意、明知、轻率、疏忽。然而，严格责任在美国刑法中也有着悠久的历史，并得到了广泛的适用。

(一) 美国刑法中的严格责任

在美国，有些缺乏犯罪心态的危害行为往往也能构成犯罪，这就是美国刑法中的绝对责任。所谓绝对责任（absolute liability），就是法律对某些没有规定犯罪心态即许可对缺乏（无需控方证明）犯罪心态的行为追究刑事责任。[①] 也有学者使用严格责任（strict liability）代替绝对责任，并将其定义为：严格责任犯罪是指不需证明被告人的任何主观过错，只要被告人在客观上实施了法律规定的犯罪行为而无须考虑他的主观心态（these are crimes for which no culpable mental state at all must be shown, it is enough that the defendant has performed the act in question, regardless of his mental state）。实际上，此处的绝对责任和严格责任的本质并无他异。另外，美国刑法中还存在替代责任，即被告人在本身无任何过错的情况下必须对另一人的犯罪行为承担的刑事责任（a distinct kind of absolute liability may be imposed upon one person for the act of another）。[②] 严格责任与替代责任的设置目的都是保护公众的重大法益。

19 世纪末，严格责任开始适用于美国刑法当中，最初仅在性犯罪和未成年人保护领域得到适用。现在的美国刑法中有关严格责任的条款主要是关于公共福利犯罪和道德犯罪的内容，其中大部分属于公共福利犯罪。公共福利犯罪又被称为管制性犯罪，主要指那些尽管在道德上不具备恶意，但将严重影响公共安全、健康和公共福利的行为。这类犯罪主要规定在道路交通、财政金融、环境保护与管制、食品卫生法、酒类药物等法规中。因为公

① 储槐植、江溯：《美国刑法》，北京大学出版社 2012 年版，第 52 页。

② ［美］史蒂文·L. 伊曼纽尔：《刑法》，中信出版社 2003 年版，第 21 页、第 24 页。

共福利犯罪多半不涉及严重违反道德之行为，且通常只处以罚金，所以这些公共福利犯罪通常不被视为真正的罪行。[①] 这些犯罪往往并不具备传统犯罪的一般特点，属于法定犯，立法之所以规定对其予以刑事制裁，是为了避免公众的健康和安全受到侵害。因而，这类犯罪往往具备以下特点：（1）公益性犯罪并非源自普通法；（2）对这种犯罪的简单违反，能同时伤害很多人；（3）法律所适用的标准是合理的；（4）违反这种行为所受的惩罚相对较轻，有时仅包括罚款；（5）定罪只损害违法者的名誉。[②] 严格责任中的道德犯罪，主要是指违反社会关于性或其他道德标准的犯罪，如与未成年少女发生性关系、引诱未成年少女脱离监护人的看管、重婚等。如一名男子即使合理地相信一名女性已经成年而与之发生性关系，该男子就可能因该女性实际上并未成年而被认定构成强奸罪。道德犯罪适用严格责任的理由主要表现为两点，一是这类犯罪所侵犯的是国家需重点保护的特殊法益，二是这类犯罪具有较强的事先可责性。[③] 相对于公共福利犯罪而言，道德犯罪又可以被称之为非公益性犯罪，其一般涉及的只是少数人道德方面的问题。

严格责任在美国并不是一直受到欢迎的。联邦最高法院曾指出：不具备心理要件的犯罪具有一个“普遍不受欢迎的地位”，在联邦法律中，至少对根植于普通法的犯罪而言，存在一种解释性推定，犯罪心理要件是不可或缺的。现代很多美国学者也不看好严格责任的适用，在他们看来，犯罪心理要件与报应主义原则是一致的。报应主义原则主张一个人没有基于个人意愿造成社会危害，或者一个人的行为不该受到道德谴责，他就不该受到惩罚。在多数情况下，社会通过要求证明行为人的犯罪心理，从而

① ［美］William Burnham：《英美法导论》，林利芝译，台湾元照出版公司2005年版，第318页。

② ［美］约书亚·德雷斯勒：《美国刑法精解》，王秀梅译，北京大学出版社2009年版，第134页。

③ 赵秉志：《英美刑法学》，科学出版社2010年版，第63页。

将无过错造成危害者的利益置于对威慑发生的社会危害的关注之上。对此，支持严格责任的学者则认为：不要求具备犯罪心理要件可能会导致这样一种结果，促使一大群人，通常是对自己实施安全行为的能力持质疑态度的人，不参与一些危险活动，如制造毒品或其他危险工具；那些选择从事危险活动的人鉴于法律的严格责任特征将更加谨慎地行动；由于轻微违法事件的数量众多，调查行为人的犯罪心理将耗费大量的司法资源。①

早期的美国刑法当中，严格责任都不需要公诉人证明被告人对犯罪构成要件中部分或全部要件有故意或过失，只需证明被告人的犯罪事实即可定罪，同时也不允许被告人以主观上不存在过错进行辩护。即使被告人主观上确实不存在过错，也不影响定罪。如在 United States v. Park 案件中，Park 是一家全国食品连锁店的总裁，由于没有对其所管辖的巴尔的摩一所仓库中的食品进行很好的管理，导致其中有些食品变质。在美国食品和药品管理局通知 Park 之前，Park 并不知道这些食品已经受到污染。随后 Park 通知其下属清理仓库，但是清理工作还没有结束前，食品和药品管理局就起诉 Park 犯有为出售而持有变质食品罪。初审法院对陪审团做出的指示为：只要他们发现其职权可以使他有权采取措施避免食品变质，他就构成犯罪，即使他不知道食品已经变质。② 在该案中，不仅没有要求控诉方证明被告人的主观心态，而且法院认为即使被告人确实不存在主观过错也不影响定罪。

《模范刑法典》对严格责任犯罪持否定态度，其认为严格责任犯罪只是一般的违法行为而不应当是犯罪，对于这行类为只能被处以罚金或没收财产（a violation，under the Cord，is a minor

① ［美］约书亚·德雷斯勒：《美国刑法精解》，王秀梅译，北京大学出版社 2009 年版，第 133 ~135 页。

② 王秀梅等：《美国刑法规则与实证解析》，中国法制出版社 2007 年版，第 117 ~118 页。

offense that does not constitute a crime, and that maybe punished only by fine or forfeiture)。[①] 而如今美国刑法中的严格责任则赋予了行为人抗辩权。在诉讼过程中，虽然控方不需证明被告人的行为是出于什么犯罪心态，但被告人可以通过向法院证明自己事实上不存在犯罪心态而免除责任。换言之，如果被告人不能证明自己没有过错则被推定有罪，如果被告人能证明自己的行为缺乏任一犯罪心态，则无须承担刑事责任。因此，与早期的绝对严格责任相比，美国现在的严格责任已经不再绝对，正如学者所言，“善意辩护”的出现，在效果上已将绝对责任转变为推定责任。[②] 如在 State v. Anderson 一案中，被告人 Thaddius X. Anderson 因为违反了交通规则而被西雅图警察逮捕。在检查被告人 Anderson 的汽车时，警察发现汽车驾驶员座位下有一支手枪。由于被告人 Anderson 有前科，所以按照制定法的相关规定，警方指控其犯有非法持有枪支罪。在初审法院，Anderson 辩解称手枪和汽车都是其堂兄所有，而且其本人直到被警察拦截前都不知道汽车上有手枪。初审法院对陪审团做出指示：是否明知手枪在车上不是本案的构成要件。被告人 Anderson 有权以其不知情为辩护理由，但这个举证责任应由被告人承担。据此，陪审团认定 Anderson 被指控的罪名成立。Anderson 后上诉至华盛顿州上诉法院，上诉法院维持了初审法院的判决。[③] 本案中，对于被告人是否存在明知的心态并不属于控诉方举证证明的对象，但被告人有权以其确实不知情作为辩护理由，因此属于被告人享有辩护权的相对严格责任。

从上文论述可以看出，美国刑法中所讲的严格责任犯罪，是不具备犯罪心理要件的犯罪，其归责原则实际上正是本书所讲的

① [美] 史蒂文·L. 伊曼纽尔：《刑法》，中信出版社 2003 年版，第 23 页。

② 储槐植、江溯：《美国刑法》，北京大学出版社 2012 年版，第 54 页。

③ 王秀梅等：《美国刑法规则与实证解析》，中国法制出版社 2007 年版，第 118 ~119 页。

绝对责任；而本书所讲的严格责任犯罪，在美国刑法中被称之为推定故意犯罪。如某些学者所论述，严格责任“strict liability”也可以被称之为“absolute liability”，严格责任犯罪不同于推定故意犯罪，严格责任犯罪中，法律在实体的犯罪要素中完全排除了罪过要素；而在推定故意犯罪中，法律在实体上仍然要求罪过要素，只是在定罪时控方不需要积极地证明主观要素的存在，可以根据行为人的行为和客观案情推定罪过要素的存在。① 早期美国刑法中的严格责任实质上就是本书所讲的绝对责任，也正是考虑到美国刑法中“严格责任”的严厉性，现代美国刑法中的严格责任也为被告人设定了法定的抗辩权。但是，与英国不同的是，司法实践中美国的绝大多数法院都反对“善意辩护”，只有极少的判例适用“善意辩护”。对于严格责任表现出来的严厉性，美国法院一般通过其他途径解决，如重新解释法条，使法条包含对于过错的要求；否定因果关系，即通过否定犯罪事实不是被告人的行为造成的，从而避免存在违反严格责任的法律问题；依靠检察官的自由裁量权，即如果被告人确实有诚实合理的错误，检察官可以不予起诉。②

（二）美国环境犯罪中的严格责任

在美国，无论是一般的法律制度上还是司法实践中，过失通常成为环境犯罪的最低主观要求，即环境犯罪的主观要件至少是过失，故意当然也包含其中。如美国的《水污染防治法》中规定的相关犯罪行为，只有行政官署证明了行为人的主观上表现为故意或过失，才可以对行为人依据该法进行制裁。当然，在一些环境保护法规中也存在客观责任或严格责任的相关规定，但这些规定很少成为刑事制裁当中的责任基础。然而，刑法理论界则认为，依据刑事政策的需要，严格责任则需要被运用到惩治污染环境犯罪中。

---

① 刘士心：《美国刑法中的犯罪论原理》，人民出版社 2010 年版，第 118 页。

② 赵秉志：《英美刑法学》，科学出版社 2010 年版，第 72 ~73 页。

在环境犯罪中，严格责任或客观责任作为制定法律或作为法院适用及解释法律时通常存在以下标准：第一，以具体行为应当受到的处罚轻重进行区分。一般而言，严格责任应当适用于应受到相对较重的制裁的情形，过失责任则适用于那些制裁相对较轻或非重大的情形。刑罚的轻重取决于结果的严重程度，通常，危害结果越严重，刑罚就越重，反之亦然。因此，对于可能造成严重的环境污染或破坏的犯罪行为，其适用严格责任的可能性就相对较大，对环境污染或破坏并不严重的犯罪行为，往往采取过失责任甚至以故意为标准确定其是否构成犯罪。第二，以规范事项通常发生损害结果的严重程度是否有必要考虑行为过错，来确定应否适用严格责任。一般而言，如果损害的性质及其造成的危害后果，已经无须考虑行为人是否存在故意或过失时，如重大保育需要，则应当适用严格责任的规定。[①] 在笔者看来，这种标准的立足点，实际上是基于刑事政策的需要。

在具体的法律规定上，严格责任作为环境犯罪的归责原则，通常散见于美国的各项环境保护法律中。如美国的《废料法》中规定，无论行为人主观上是否存在过错，只要其行为造成任何废料倾入河流或港口，都构成犯罪。美国《资源保护回收法》中规定，凡法人成员排放危险物或者是在未经许可的场所处理危险物，且没有报告相应主管部门的，无论该法人负责人对此是否知晓，均应承担刑事责任。美国《环境反应、赔偿和责任综合法》中规定，只要公司负责人没有及时将化学品泄漏情况向有关部门报告，无论行为发生时是否存在主观罪过，则都要承担刑事责任。对于行为发生时主观存在过错的，则加重处罚。[②]

① 王秀梅：《国际环境犯罪惩治的理论与实践》，载《外国法译评》1999 年第 3 期。

② 何欣：《论国际环境犯罪的严格责任》，新疆大学 2007 年硕士学位论文。

三、简要评析

通过研究英国和美国刑法中有关严格责任的适用情况可以发现，严格责任作为英美法系特有的刑法制度，适用比较普遍，这与英美刑法的自身特点有着密切关系，主要体现在以下几个方面：

首先，作为判例法国家，英美刑法在具体案件中为严格责任的适用创造了条件。虽然“严格责任大部分来自制定法”，但制定法在定义某些罪名时未对主观要件进行明确，而是将其留给法官解释，这就使得法官可以根据案件实际情况适用严格责任。无论是前文提到的英国刑法案例中最早适用绝对责任的 Woodrow 案件和后来发生的 Hobbs 诉 Winchester 公司一案，以及适用相对严格责任的伊沃特案件，还是美国刑法案例中适用绝对责任的 United States v. Park 案件以及适用相对严格责任的 State v. Anderson 案件，都是严格责任适用于具体案例中的具体表现。

其次，严格责任能够在英美刑法得以普遍适用，还与英美犯罪论体系的特点有关。英美犯罪论体系呈现双层次模式，第一层次是犯罪本体要件，主要包括犯罪行为和犯罪心态；第二层次是责任充足要件，主要包括未成年、警察圈套、被迫行为、正当防卫、紧急避险等合法辩护事由。有学者将第一层次称为实体意义上的犯罪要件，将第二层次称为诉讼意义上的犯罪要件。① 英美犯罪论体系的构建以经验为逻辑起点，以实用为价值目标，是司法实践经验的总结。在责任充足要件中，如果行为符合犯罪本体要件，行为人不能证明自己存在合法辩护事由，即排除行为的合法正当性。相对严格责任关于被告人辩护权的规定不仅契合了责任充足要件的特点，而且在环境犯罪等领域的适用也体现出刑法的实用价值。

---

① 储槐植：《两大法系关于犯罪构成理论和实践方面的主要差异》，载《国外法学》1985 年第 3 期。

最后，英美法系的当事人主义诉讼模式使得严格责任的适用成为可能。在当事人主义诉讼模式下，法官和陪审团始终处于中立和消极的地位，完全依据双方当事人举证情况和辩论结果进行裁判。在英美法系，控方只需证明犯罪嫌疑人的行为符合犯罪的本体要件即可，证明自己的行为符合合法抗辩事由的责任则由辩护方承担。[①] 这种情况下，对那些没有具体明确犯罪心态的犯罪而言，一旦法官将其解释为无须控方证明犯罪心态的严格责任犯罪时，被告方就需要证明自己的行为符合合法抗辩事由。严格责任犯罪中被告人所享有的辩护权，在当事人主义诉讼模式中成为辩护方重要的抗辩事由。

同时可以看到，严格责任在英美刑法中的适用并不是一帆风顺的。早期的绝对责任完全不考虑行为人的抗辩事由，本质上属于客观归责，当其适用于民事或行政领域还可以接受并且有时确有必要，但绝对责任在刑事领域的适用显然也遭到了众多的批判。这也是《模范刑法典》对严格责任（绝对责任）持否定态度的原因所在，美国联邦最高法院也因此将不具备心理要件的犯罪（绝对责任）置于“不受欢迎的地位”。无论在英国还是美国，现代的严格责任基本都赋予了行为人“抗辩事由”，绝对责任已经转变为推定责任，即相对严格责任。我国环境犯罪应当遵循刑法关于犯罪必须具备主客观相统一原则的规定，因此，绝对责任显然不能适用于我国环境犯罪。而通过前文分析可知，相对严格责任在本质上与传统过错责任原则并不矛盾，仍遵循了主客观相统一原则，只是在主观证明方式上有所不同，因此，相对严格责任能够为我国刑法理论所接受。

---

① 于改之、郭献朝：《两大法系犯罪论体系的比较与借鉴》，载《法学论坛》2006 年第 1 期。

第二节 严格责任与大陆法系代表性国家环境犯罪

与英美法系严格责任的出现时间大致相同，在大陆法系国家中，严格责任主要也是在19世纪末期随着社会风险的增加而产生，但主要都适用于民事侵权责任领域。而在通常而言，大陆法系国家刑法普遍反对严格责任的适用，环境犯罪中同样如此。如德国、瑞典、挪威等国家刑法在认定环境犯罪时均采用罪过责任原则，否定严格责任的适用。但现代社会中，随着公害犯罪及其他危及公共利益犯罪的增加，有些大陆法系国家在打击犯罪中也开始引入严格责任原则。如在丹麦的一些重要领域中，基于效率的考虑，开始引入严格责任，目前，刑法中适用法人的严格责任的行为有200种，适用自然人的严格责任的行为大约有25种，在丹麦关于严格责任的理论与实践表现出以下特点：一是严格责任大量适用于法人犯罪，自然人适用的较少；二是严格责任主要适用于公害领域；三是适用的根据是特殊领域需要突出效率。①《意大利刑法典》第42条第4款规定，在违警罪中，每个人对自己有意识和意志的作为或者不作为负责，无论这种行为是故意还是过失的。② 该条规定中，无须确认行为人的犯意是故意还是过失，仅依据行为人的作为或不作为归责，实际上也是严格责任的应有之义。在环境犯罪方面，随着环境问题的日益恶化，大陆法系的部分国家也逐渐一改往日的传统做法，为了保护环境的需要，严格责任在环境犯罪中得以适用。作为大陆法系的代表性国家，本书以日本和法国在环境犯罪中适用严格责任的情况进行详述。

---

① ［丹麦］梅兰妮·弗里斯·詹森：《丹麦刑事法典》，魏汉涛译，武汉大学出版社2011年版，第7页。

② 《最新意大利刑法典》，黄风译注，法律出版社2007年版，第21页。

一、严格责任与日本公害犯罪[①]

与其他大陆法系国家一样，通常情况下，日本刑法对于严格责任也是基本持否定态度的，主观要素是基本的构成要件的一般要素或行为人承担刑事责任的必要条件。在日本，一般的主观构成要件要素是指故意和过失，另外还有特殊的主观构成要件要素，主要是指目的、内心倾向、内心经过等主观违法要素。[②] 但是，日本法律中并非完全没有严格责任的规定，严格责任主要体现在日本的特别法中，因此本部分着重讨论日本特别法中的严格责任。此外，随着日本工商业的不断壮大，其环境污染问题曾一度十分严重，日本刑事领域在打击公害犯罪中也引入了严格责任制度。

（一）日本特别法中的严格责任

现代日本的侵权行为法中，过失责任主义仍然是其基本原理。然而由于现代社会企业活动一般都存在着极危险的行为，以过失责任主义为前提的救济制度在面临一些企业活动所造成的结果而发生的被害救济时无法有效适用。受害人要求加害人进行赔偿则必须证明加害人的故意或过失，但由于企业活动的专业性以及其对于自身利益的保护，受害人要证明企业的故意或过失则十分困难。在这种背景下，严格责任[③]则在日本相关法律领域中得以实施。

日本的特别法中，如《矿业法》《大气污染防治法》《水质污浊防治法》《制造物责任法》《原子力损害赔偿法》等，一般都规定了严格责任，而且一般是在发生重大事件后才在这些制定

---

① 与一般国家对于环境犯罪的称谓不同，日本国家将其称之为公害犯罪，如藤木英雄的著作名称即为《公害犯罪》，日本的公害刑法被命名为《公害犯罪处罚法》。

② ［日］大塚仁：《刑法概说（总论）》，冯军译，中国人民大学出版社 2003 年版，第 122 ~125 页。

③ 日本一些学者将侵权法中的严格责任称为无过失责任，但由于日本侵权法中的此类相关规定并不是绝对的不允许行为人进行辩护，即有些规定属于绝对不考虑行为人过错且不允许进行辩护的，但有些仍赋予了行为人相应的辩护权，后文将予以举例说明，因此，笔者在此称其为“严格责任”，属于广义上的严格责任。

法中规定的严格责任。如《大气污染防治法》和《水质污浊防治法》是在日本的四大公害事件后而制定的，以更好地救济受害人。该四大公害事件主要是指新潟水俣病诉讼、熊本水俣病诉讼、痛痛病诉讼、四日市公害哮喘诉讼。

例如，新潟水俣病发生于1965年新潟地震，此次地震后，当地多位农民渔民染上水银中毒症状，经调查，患者常吃的阿贺野河的河鱼中含有大量的水银。后经过检查，在该河段上游约六十公里的昭和电工鹿濑工厂厂内排水沟和废物堆中发现大量水银。在诉讼过程中，受害人一方的律师主张从昭和电工鹿濑工厂排出的有机水银，在阿贺野河河口沉淀，造成这里的水藻和昆虫受到严重污染，而鱼吃了这些被污染的水藻和昆虫后使水银在鱼的体内浓缩沉淀。最后受害人吃了这些被污染的鱼，从而导致发病。昭和电工反驳认为地震使水银从仓库里流出来，与该公司没有关系。主审法官运用“盖然性”理论，减轻原告在举证因果关系上的负担，让被告昭和电工承担自己并未排放的举证责任，并且直接认为昭和电工对于鹿濑工厂水银的排出未加任何处理而随意排放到阿贺野河，构成过失。四日市公害哮喘诉讼则发生在日本东部海岸伊势湾的四日市，自1995年以来，这里相继兴建了三座石油化工联合企业及一百余个中小企业和工厂。工业废气导致四日市环境污染日趋严重，尤其是工厂排放的二氧化硫和金属粉尘，使空气污浊不堪。许多人因此患上了支气管炎、支气管哮喘以及肺气肿等呼吸道疾病。然而，每个企业都遵守了排放标准，法官通过认定这些企业的排污为“共同不法行为”从而让企业承担责任，并指出在排放明知对人体生命有危险的污染物质时，企业应该不考虑经济效益，把世界最高的技术和知识用到预防措施里，惰于采取措施企业存在过失。[①]

① 王映：《四大公害诉讼，改写日本司法》，载 http：//www. legaldaily. com. cn/Frontier_ of_ law/content/2013 －02/26/content_ 4225036_ 2. htm，最后访问时间2014年8月11日。

在日本的侵权诉讼中，加害人往往要承担无过失责任，即行为人即使没有故意或过失，也需要承担损害赔偿责任。如日本的《反垄断法》第25条规定："私人垄断或者不正当限制交易，或者使用不公正交易方法的经营者，即使证明自己无故意或者过失也无法免除前述责任。"《矿业法》第109条对因矿山作业产生的损害应承担无过失损害赔偿责任。[①] 但是，一些特别法在规定无过失责任时，也赋予了行为人免责的规定，从这个意义上讲，有些无过失责任与英美刑法中的绝对责任在是否存在辩护理由上不可同日而语。如日本《原子力损害赔偿法》第3条规定，"在原子炉运行时，因该原子炉的运行等原因造成原子力损害时，负责该原子炉运行等的原子力经营者应承担损害赔偿责任。但是，该损害是因异常巨大的天灾地变或社会动乱引起时，则不在此限。"[②]

（二）日本公害犯罪中的严格责任

由于早期的严格责任不关注主观过错，即便行为人不存在过错也应当为其造成的客观损害承担刑事责任，日本刑法理论上反对严格责任的适用。日本在公害犯罪法律制度方面，《公害罪法》（其全称为《关于危害人体健康的公害犯罪制裁法》）可谓是其典型的代表性法律。该部法律的制定正是由于日本工商业的迅速发展，使得日本国内的环境污染和自然资源的破坏日益严重，很多新出现的公害犯罪没有合适的法律进行制裁，原有的刑法无法满足打击公害犯罪的需要。《公害罪法》无疑弥补了日本刑法典的不足，为打击环境犯罪提供了有力武器。但故意和过失仍然是构成公害犯罪的主观要件，《公害罪法》中的故意犯罪是指在工厂或企业单位的活动中因排放有损于人体健康的物质，给

---

① ［日］圆谷·峻：《判例形成的日本新侵权行为法》，赵莉译，法律出版社2008年版，第31～32页。

② ［日］圆谷·峻：《判例形成的日本新侵权行为法》，赵莉译，法律出版社2008年版，第33页。

公众的生命或身体造成危险的行为；过失公害犯罪是指在工厂或企业的活动中无视业务上必要的注意义务，排放有损于人体健康的物质，给公众的生命或身体造成危险的行为。[①] 严格责任并没有在《公害罪法》中得到肯定。

随着科技进步而伴随着危险事故的不断发生，对新技术而引起的事故的难以预见性往往导致对这些事故必然宣告无罪。这是传统罪过责任理论的必然结果，因为新技术可能带来的危害结果谁都无法预料，因此即便发生了严重的危害后果，也不应当对其处以刑罚。然而，就此而放纵那些新技术可能带来的对于社会的危害，显然是应当极力予以反对的。“即使是引起了巨大的灾害，但是由于当时谁都未能预料到，虽然于心非常不安，不过自己是没有责任的。我们觉得，这种意见也是不宜接受的。”[②] 科技的进步带动了经济发展，因科学技术的革新而带来的新成果无可厚非可以被运用到社会生活中以提高人民的生活水平，但与此同时，对科学技术所具有的巨大破坏力也应当由相关主体担负责任。藤木英雄教授正是在权衡科学技术的优越性与其带来的巨大破坏力之间，提出对责任主义的新理解。结果的预见可能性是行为构成犯罪的前提，但这种所谓的预见可能性究竟需要达到何种程度在日本学者中间也并未形成统一意见。一般情况下，能够说出大体位置，至少能说出某种危险和与危险有相同性质的结果发生可能性的预料，是必要的。但在科学技术无限发展和扩大的同时，未知危险的威胁也越来越大，利用科学技术的同时，也必须肩负社会性的责任。“即使是不能具体地预想到会有什么样的危险发生，但由于存有不知道会对人的生命和健康发生何种破坏的有害结果的危惧感，这种情况下，为能足以消除这种

---

① 杨春洗、向泽选、刘生荣：《危害环境罪的理论与实务》，高等教育出版社1999年版，第73~74页。

② ［日］藤木英雄：《公害犯罪》，丛选功等译，中国政法大学出版社1992年版，第61页。

危惧感，防止结果发生起见，令其有合理的负担，应当说是理所当然的了。"①

不难发现，这种为了保护公众生命和健康免于遭受侵害而令危险制造者承担责任，显然是对传统罪过理论的修正，本质上属于严格责任的范畴。在藤木英雄教授看来，这种新的责任主义所适用的公害属于广义上的公害，包括与环境的破坏同时发生的公害，以及其他生活上的公害。就环境公害而言，随着环境污染情况的日益严重，日本在刑法领域也采取了重多针对环境污染的有效对策，如"疫学因果关系理论"就是日本国家在认定公害犯罪因果关系上的先进举措。在严格责任制度方面，实际上在日本经历了足尾铜山矿毒事件后，昭和十四年就对矿业法进行了修改，使严格责任得到了成文化，并在骨痛病判决（一审富山地方法院昭和四十六年即1971年6月30日判决，二审名古屋高等法院昭和四十七年即1972年8月9日判决）中得到了运用。在一般大气污染及水污染方面，日本在经历了水俣病案事件和四日市案件等惨痛教训后，于昭和四十七年六月修改了大气污染防治法和水质污浊防治法，其中就确立了严格责任制度。② 现在的日本《空气污染控制法》和《水污染控制法》中也均有关于严格责任的规定：只要行为人的排污行为对公众身体或生活产生了损害，无须查清行为人主观上是基于何种心理态度，直接依据损害事实即可追究行为人的刑事责任。③

二、严格责任与法国环境犯罪

法国也是大陆法系典型的代表性国家之一。严格责任主要散

① ［日］藤木英雄：《公害犯罪》，丛选功等译，中国政法大学出版社1992年版，第62页。

② 雷鑫：《生态现代化语境下的环境刑事责任研究》，知识产权出版社2010年版，第145页。

③ 隋秋敏：《严格责任制度检视——以我国刑法为视角》，吉林大学2007年硕士学位论文。

见于法国的特别法立法中，而且通常都是适用于非犯罪领域。在法国刑法中，犯罪，无论是重罪、轻罪，还是违警罪，仅在行为人具有违反法律之意志或意识时，始告成立并当受惩处。[①] 但在司法实践中，法院在对待一些特殊领域中的犯罪时，也会例外地适用严格责任。

（一）法国特别法中的严格责任

在法国，与严格责任有关的归责问题，主要体现在法国《侵权法》当中。综观法国《侵权法》的发展历史可知，其在侵权责任归责原则上也经历了曲折的发展历程。早在1880年之前，法国在侵权责任方面就一直实行的是过错侵权责任原则。对于这一原则的规定，主要体现在法国《民法典》第1382条之规定：人的任何行为给他人造成损害时，因其过错致该行为发生之人有义务赔偿损害。[②] 基于此，受害人要请求侵害人对自己因侵害人的过错而发生的损害承担侵权责任时，受害人必须证明侵害人的过错，即如果受害人无法证明侵害人的侵害行为存在过错，则无法使侵害人承担相应责任。在这一时期，法国学说界和司法判例也认为，1804年《民法典》所规定的侵权责任仍然是一元性过错侵权责任，不存在其他侵权责任的根据。[③]

由于仅仅依靠被害人证明侵害人的过错往往会给被害人带来困难，有些时候被害人受到侵害后无法证明侵害人的过错，为此，法国《民法典》第1384、1385及1386条规定，在过错责任的例外情况下，侵害人的过错可以由法律加以推定，即过错推定责任。如第1384条第一款规定：任何人不仅对自己的行为造成的损害负赔偿责任，而且对应由其负责的人的行为或在其照管之

① ［法］卡斯东·斯特法尼：《法国刑法总论精义》，罗结珍译，中国政法大学出版社1998年版，第247页。

② 《法国民法典》，罗结珍译，北京大学出版社2010年版，第351页。

③ 张民安：《现代法国侵权责任制度研究》，法律出版社2007年版，第88页。

下的物造成的损害负赔偿责任。[①] 在过错推定责任中，只要侵权人实施了侵权行为即推定其有过错，侵权人可以通过证明其没有过错而推翻法律对其过错的推定。但是，这种过错推定责任在法国并不被认为是严格责任，由于只是采取了法律推定的方式，推定侵害人有过错，实际上它仍然属于过错责任的范围，仍然没有脱离侵权责任单一性的特点。

而到了19世纪末期，由于工业革命的兴起，社会元素发生了重大的变化，一些风险因素急剧增加，如蒸汽锅炉的爆炸、脚手架的倒塌、小汽车致使行人受伤或死亡、火车脱轨与碰撞等事故随之发生，人们的财产和生命受到了重大的威胁。依据此前的一元归责理论，由于受害人通常情况下不具有查明一些事故发生原因的技术和知识，受害人往往无法证明侵害人的过错；即使在一些事故中推定侵害人有过错，而侵害人仍可以相对容易地推翻该过错推定，主张自己没有过错，此时，过错推定规则对受害人就无法保护。为此，法国司法、学说和立法部门共同建议修改《民法典》中的侵权损害赔偿法，其中就包括确立危险责任理论，将被告就其开发的危险对事故受害人承担侵权责任，即便侵害人对该损害不具有过错也如此。[②] 这种危险责任理论所适用的归责原则在法国侵权法中被称之为责任推定，即因危险责任或者因物的行为而产生的侵权责任，它建立在物的行为以及因物的行为而导致的损害的客观因果关系基础上，只要被告的行为与原告的损害之间存在因果关系，被告即被推定要对原告承担侵权损害赔偿责任，被告不得以自己对损害的发生没有过错作为自己不承担侵权责任的理由，而仅仅能够通过证明自己有法定免责事由而

① 《法国民法典》，罗结珍译，北京大学出版社2010年版，第351页。

② 法国国内关于侵权损害赔偿法的改进主要包括两个方面：一是确立危险责任理论，即被告就其产生的危险对受害人承担责任，而无论是否具有过错；二是确立社会保障制度，即将受害人所受损失由国家社会保障机构或某些社会基金组织承担赔偿金。社会保障制度实际上与危险责任理论并不相同，其并不属于侵权法的范畴。参见张民安：《现代法国侵权责任制度研究》，法律出版社2007年版，第89页。

免除所承担的侵权责任。而过错推定实际上并没有改变被告所承担侵权责任的性质，仅仅是将过错的举证责任转移到那些意图免除自己责任并声称自己无过错的侵害人身上。①

（二）法国环境犯罪中的严格责任

在法国，构成犯罪必须具备两个特有的构成要件，即事实要件和心理要件。所谓犯罪的事实要件，是指成立犯罪必须要有行为或事实。而心理要件，则是强调事实要件中所发生的事实上的行为必须是行为人意志的结果，即犯罪必须是行为人故意或过失实施的行为。因此，从这一方面而言，法国刑法与其他大陆法系刑法一样，强调构成犯罪必须有明确的主观构成要件。法国新《刑法典》第 121 - 3 条规定：无重罪或轻罪之故意，即无重罪或轻罪。但是，在法律有规定时，轻率不慎、疏忽大意或蓄意置他人人身于危险之场合，得构成轻罪。不可抗力之场合无违警罪。从该条法律规定中可以看出，构成犯罪，行为人必须具备故意或过失。而在不可抗力的情况下，行为人即不存在故意或过失，不构成违警罪，当然也就更不可能构成重罪或轻罪了。

因此，通常情况下，构成犯罪必须证明行为人的主观故意或过失，也是法国刑法对于行为是否构成犯罪的基本规定和要求。但在某些犯罪中，这种规定也存在着例外的情况。在故意犯罪中，通常由检察机关承担故意的举证责任，但法国的法院判例也承认在某些犯罪中，仅依据对事实要件的确认就可以认定犯罪心理要件的存在，且允许行为人提出相反证据的权利。在过失犯罪中，违警罪过失通常情况下是不需证明的，而且即使有证据证明行为人无过失，也不能使犯违警罪的行为人免受处罚。② 这种在故意犯罪中依据事实要件即犯罪客观事实，来

---

① 张民安：《现代法国侵权责任制度研究》，法律出版社 2007 年版，第 120 页。

② ［法］卡斯东·斯特法尼：《法国刑法总论精义》，罗结珍译，中国政法大学出版社 1998 年版，第 252 页、第 265 页。

认定犯罪心理要件即犯罪的故意，并且允许行为人提出相反的证据进行合理的辩护，实际上就是依据犯罪事实推定行为人存在主观过错，并赋予行为人辩护权，与前文所讲的法国侵权法中的过错推定责任的归责原则相似，本质上也正是本书所讲的严格责任犯罪。而违警罪中的过失往往甚至不要求具备“疏忽大意”或“轻率不慎”，只要具备违反法律或条例规定的事实，就可以成立这种过失。但行为人具有自由意志，才会致使违警罪过失引起行为人责任，即行为人如果能够援用不可抗力、精神病状态或紧急避险等事由证明其不具有意志自由，其行为仍然不会受到惩处。[①] 因此，违警罪中的过失归责原则与英美刑法中的绝对责任并不一样，因为行为人仍然享有不可抗力、精神病状态、紧急避险等辩护权。可见，法国刑法中虽然没有严格责任的规定，但在司法实践中，法官往往对于一些特殊犯罪，也会例外适用严格责任。

实际上，在法国一些环境保护特别法中，也存在有关环境犯罪适用严格责任的规定。如有学者指出，法国的《农业法》中有关环境犯罪的相关规定，通常被认为存在适用严格责任的情形，该法第434条第1项和第4项中关于水污染犯罪的规定，是在客观的侵害事实或者说是实质犯罪的基础上确立的客观污染概念，属于严格责任犯罪。[②] 对此，法国行政机关和其立法机关却存在着不同的看法。行政机关比较认同行为在客观上造成了特定污染事实时，即可以构成刑法上的犯罪行为。而立法机关则认为，虽然法条并未要求行为构成犯罪时需要故意的存在，但应当在具备了轻率、疏忽等过失行为后，行为才可以构成犯罪。正是由于这一矛盾的存在，在实际的环境犯罪案件中，有关部门通常

① [法] 卡斯东·斯特法尼：《法国刑法总论精义》，罗结珍译，中国政法大学出版社1998年版，第268页。

② 王秀梅：《国际环境犯罪惩治的理论与实践》，载《外国法译评》1999年第3期。

认为行为应当至少存在一定的轻率、疏忽等过失时，才可以构成犯罪，但有法律的特别规定时，可以依据严格责任或客观责任的事实适用刑罚。

三、简要评析

日本和法国的特别法中适用严格责任的情况比较常见，如日本的《大气污染防治法》《水质污浊防治法》及法国《民法典》。仔细分析不难发现，这些法律所保护的对象基本都是社会公共利益，即便是法国《民法典》在适用严格责任时，也是“在过错责任的例外情况下，侵害人的过错可以由法律加以推定”。因此，严格责任的适用在很大程度上是基于社会保护的需要。

而在日本和法国的刑法中并没有严格责任的规定，在笔者看来这与大陆法系国家的犯罪论体系有着很大关系。与英美法系国家犯罪论体系不同，大陆法系国家犯罪论体系通常表现出以下特点：

第一，大陆法系国家犯罪论体系更注重理论体系的建构。实用主义哲学对于英美犯罪论体系的形成和发展影响较大，这就造就了英美犯罪论体系更为强调理论的意义和重要性在于实际运用，对于刑罚理论有用的事物更容易被英美犯罪论体系所接受，因此，英美犯罪论体系表现出“以经验为逻辑起点，以实用为价值目标”的特点。但大陆法系犯罪论体系深受新康德主义、新自然主义和哲学的影响，这就使得大陆法系犯罪论体系更注重理论体系建构，相对于英美法系的实用主义，大陆法系刑法理论的研究更受重视。

第二，大陆法系刑法理论更为渊博，学派之争更为突出。大陆法系刑法在学派上，存在刑事古典学派和刑事实证学派之分，并形成了很多理论争议，如在刑法解释论上，存在主观解释、客观解释和折中解释的分歧；在刑法机能上，存在保障人权和防卫社会的区分；在刑罚目的上，存在相对主义、绝对主义和并合主义的争论；在犯罪本质上，存在规范违反说和法益侵害说、行为无价值和结果无价值的争议；等等。[①] 这就使得对同一件事物的看法存在各种不同的观点，往往经过长期的争论也难以达成统一意见。

第三，大陆法系的职权主义诉讼模式使得证明责任的分配更为具体。在职权主义诉讼模式下，刑事诉讼是国家对犯罪进行刑事追究的职权性活动。大陆刑法犯罪构成中的构成要件该当性、违法性、有责性都由控方予以证明，辩护方在法庭上只享有辩护的的权利，而没有提出证据的举证责任，即举证责任仅由控方承担。而且，与英美法系庭审不同，大陆法系法官在法庭上具有调查和收集证据的权力，而且负有结合控方提供的证据对案件犯罪事实进行证明的责任。因此，在职权主义诉讼模式下，犯罪成立的举证和证明责任由控方和法官分别承担，行为人只享有辩护权利。这也使得相对于大陆法系庭审而言，英美法系庭审中律师的作用和重要性相对更大。

基于以上原因，严格责任作为一种新生事物，在大陆法系刑法领域能否得以适用必然会遭受各种质疑和争议。同时，也正是由于大陆法系刑法存在的理论争议更多，为严格责任及其他新生事物能否得以适用提供了更多的机会。相对于传统因果关系理论而言，疫学因果关系理论在水俣病等日本公害事件中的适用，显然是基于公共利益或刑法社会保护机能的需要从而最终受到肯定。同样，严格责任虽然在日本和法国的刑法典中未得到肯定，但日本《空气污染控制法》《水污染控制法》等领域关于依据严格责任追究行为人刑事责任的规定，无疑肯定了严格责任在刑事领域中的适用，法国《农业法》同样存在类似的规定。基于社会公共利益的需要以及刑法社会保护机能的发挥，严格责任在大陆法系刑事领域的适用也必将呈现扩大趋势。

---

① 于改之、郭献朝：《两大法系犯罪论体系的比较与借鉴》，载《法学论坛》2006 年第 1 期。

我国的司法审判同属于职权主义诉讼模式，在犯罪论体系上与大陆法系存在很多相同或相似的地方，这也使得大陆法系国家对严格责任的逐步接受，为严格责任在我国环境犯罪中的适用提供了有力的借鉴和参考。

第三章　严格责任原则与我国环境犯罪

在我国民法领域尤其是侵权法当中，严格责任是比较常见的一种归责原则，我国民法上的过错推定责任和无过错责任实际都属于严格责任。我国环境犯罪主要可以分为污染型环境犯罪和破坏型环境犯罪，对于这些罪名主观罪过的解读，有利于进一步探讨严格责任的适用问题。

第一节　我国民法上的严格责任原则

我国民法上的民事责任归责原则，主要包括过错责任原则、公平责任原则、过错推定责任原则和无过错责任原则。[①] 过错责任，是指在一方行为人违反民事义务并导致他人损害时，应以过错作为确定行为人责任的要件和确定责任范围的依据的责任。过错责任要求确定行为人的责任时不仅要考虑行为人的不法行为，同时也要考虑行为人实施不法行为时的主观过错。如果行为人实施不法行为时没有过错，例如是由于不可抗力、意外事件等原因而进行的行为，即便因行为人的不法行为造成了实际损害结果，行为人也不需承担民事责任。过错责任原则作为我国民法的一般原则，当然在侵权法中的适用也占据了绝大多数。通常情况下，一般的侵权案件仍然适用过错责任原则。行为人在一般侵权案件中承担民事责任需具备以下四个要件：第一，侵权行为必须具有

① 王利明：《民法总则研究》，中国人民大学出版社 2003 年版，第 274 页。

违法性；第二，必须具有损害事实的存在；第三，违法行为与损害事实之间必须具有因果关系；第四，行为人必须具有故意或过失的过错。[①] 公平责任，是指民事行为双方当事人对于造成的损害结果都不存在过错，法院依据公平原则的理念，根据当事人双方的财产和其他方面的情况，判令加害方对受害方的损失给予适当的补偿。公平责任主要适用于侵权行为法当中，主要是为了对受害人的损失进行一定的救济和补偿，从而实现损害在当事人双方之间进行合理的分担，公平责任对于调整当事人之间的利益平衡、救济受害人发挥着重要的作用。过错推定责任，一般是指原告若能证明其所受的损害是由被告所致，而被告不能证明自己不存在过错的，则法律就推定其存在过错并应承担民事责任。无过错责任又被称为无过失责任，是指即便加害人不存在过错，只要造成了损害后果就应当承担民事责任。

本书认为，民法中的过错推定责任实质上是减轻了原告对于被告主观过错的举证责任，但被告可以以自己主观上不存在故意或过失进行免责，因此，过错推定责任并非不要求被告有过错。正如学者所言，过错推定责任原则仍然是过错责任原则的性质，只是在某些方面与一般过错责任原则有所不同而已。[②] 过错推定责任并非绝对不考虑加害人的主观过错，而是赋予了加害人以主观不存在过错进行辩护的权利，因此属于相对的严格责任。民法中的无过错责任则绝对不考虑加害人的主观过错，即只要原告证明了损害事实的存在且损害事由被告造成，被告就需要承担相应的民事责任。无过错责任绝对不考虑加害人的主观过错，其本质上属于绝对责任。

一、我国民法上的过错推定责任

过错推定也可以称为过失推定，在诉讼中，受害人能举证证

---

① 安宗林：《民事案例研究》，法律出版社 2006 年版，第 276 页。

② 杨立新：《侵权法论》，人民出版社 2005 年版，第 137 页。

明损害事实、违法行为和因果关系三个要件后，如果加害人不能证明对于损害的发生不存在过错，则即可从损害事实的本身推定被告存在过错。① 过错推定责任主要适用于特殊侵权案例中，主要包括国家赔偿责任、用人者的侵权行为、法定代理人的侵权行为、违反安全保障义务侵权行为、物件致害侵权行为、医疗或工伤事故侵权行为等情形。过错推定责任的适用，减轻了作为原告的受害人的举证责任，可以使受害人处于有利的诉讼地位，相对加重了被告加害人的责任。

民事司法实践中，适用过错推定的案件比较普遍。2001 年 3 月 12 日，原告白联军因剧烈运动后出现阵发性心悸住进被告泸医附院心内科。经该院医生诊断原告为阵发性心动过速，并经过原告同意后对其进行了手术。在手术中，原告出现了 III 度房室传导阻滞，且医治后无好转。一周后，原告复印了泸医附院的病例，并在成都等地医院咨询后，得知被告泸医附院的该项手术经验少、病例少等缺陷。2001 年 6 月 5 日，原告在四川大学华西医院安置了永久性心脏起搏器。后白联军向泸州中院起诉泸医附院的医疗行为给其造成的损害，并申请对于泸医附院在手术过程中是否存在医疗过错、伤残等级、后续医药费等进行司法鉴定。经鉴定，其结论为：（1）白联军所患疾病为阵发性心动过速。泸医附院在诊治及手术前后病程记录认识不同、材料不实、操作不当，从而造成患者白联军 III 度房室传导阻滞，必须佩带永久性心脏起搏器。认定泸医附院在临床诊治中存在医疗过错，其医疗损害参与度为 50%。（2）白联军伤残等级为四级。（3）白联军所用心脏起搏器每 9 年需更换一次，每次费用 48000 元。白联军诉讼请求被告泸医附院赔偿医药费、误工费等约 80 万元。泸医附院辩称其医疗行为不存在过错，不应承担责任。一审法院判决后，被告泸医附院上诉。二审法院认为原审认定事实清楚，只是在适用法律上有误，进行了相应改判。其中，在认定泸医附院

---

① 杨立新：《侵权法论》，人民出版社 2005 年版，第 134 页。

在手术过程中是否有过错的问题时，二审法院认为，由于泸医附院所举出的证据及相关专业人员的说明，均不能证明其在手术中没有过错，应承担举证不能的责任，因此对于泸医附院的上诉请求不予支持。[①]

本案中，被告泸医附院承担赔偿责任正是基于《侵权责任法》第58条关于过错推定责任的规定，即对手术记录进行重抄不符合相关规定，且经庭审证实该手术病例是在原告白联军复印后再行修改的，违反有关规定，泸医附院的该行为符合《侵权责任法》第58条中医疗机构“伪造、篡改或者销毁病例资料”的情形，推定其有过错。且泸医附院提出的相关证据不能证明其不存在过错，因而应当承担侵权责任。

在过错推定的侵权行为中，行为人必须证明有法定的辩护事由存在，以表明其行为是无过错的，才可以推翻对其过错的推定，从而免除侵权责任。对此，有学者将特殊的过错推定责任定义为民法中的严格责任，并指出其与一般的过错推定的区别：第一，严格责任是一种法律推定，其适用必须有法律的明文规定；第二，严格责任中的抗辩事由受法律的严格限制，加害人只有在证明有法定的抗辩事由存在即表明其没有过错时才能免责，等等。[②] 在严格责任的情况下，责任尽管严格，但并非不考虑过错。从结果上看，抗辩事由是免除责任的理由和条件，同时，从责任构成要件的角度来看，抗辩事由实际上是过错不存在的理由，因此，此处的严格责任与侵权法中绝对不考虑过错的无过错责任是不同的。

二、我国民法上的无过错责任

在一些特殊的侵权案件中，以已经发生的损害结果作为价值

---

① 高圣平、管洪彦：《侵权责任法典型判例研究》，中国法制出版社2010年版，第29~33页。

② 王利明：《侵权行为法研究》，中国人民大学出版社2004年版，第267页。

判断标准，即便与损害结果有因果关系的行为人不存在过错也应当承担侵权责任，这就是无过错责任，或称为无过失责任。在资本主义早期，侵权行为法中仍然实行过错责任原则，但到了自由资本主义时期，随着一些具有高度危险性的工业企业大规模发展，随时都可能致人损害。过错责任原则适用于这些危险行业造成的损害时，由受害人证明责任者的主观过错往往极其困难，从而使得遭受损害的受害人无法获得赔偿。这种情况下，民事立法在坚持实行过错责任原则的同时，对于一些特殊的损害事故则例外地适用无过错责任。

在我国，无过错责任原则主要适用于产品侵权行为、危险活动和危险物的侵权行为、污染环境的侵权行为、动物致害侵权行为、机动车造成非机动车驾驶人或行人损害的侵权行为、工伤事故保险等情形。无过错责任原则的根本目的，是为了切实保护人民群众的生命和财产安全，更好地保护民事主体的合法权益，促使从事高度危险业务和危险行为的人对工作高度负责，尽力保障周围人员和环境的安全，损害发生后，能尽快赔偿受害人的损失。[①]

例如，2004 年 5 月 9 日，原告叶建凡下午放学后经过位于荔城区镇海街道办事处阔口村由被告福建省莆田电业局所有的黄南线 188 号铁塔时，因发现该铁塔顶有一鸟窝，原告便爬上去准备掏鸟窝。当原告接近鸟窝时，突然被该铁塔电线的 10 千伏电压击中而摔下地，后原告被送往莆田市第一医院抢救，原告被诊断为 16% 重度电击伤，经莆田市第一医院、九五医院治疗，至 2004 年 5 月 15 日共花费医疗费 24219 元。原告起诉请求被告支付医药费，被告则依据《关于审理触电人身损害赔偿案件若干问题的解释》，辩称后果是原告擅自攀登杆塔所致，其行为违反了《电力设施保护条例》，被告不承担民事责任。法院审理认为，高压电作业属于高度危险作业，被告作为该铁塔的产权人，

① 杨立新：《侵权行为法》，中国法制出版社 2006 年版，第 71 页。

对原告造成的身体伤害应承担无过错责任。原告属于未成年人，不具有完全民事行为能力，无法知道或应当知道高压电作业的高度危险，其主观上不存在故意或过失，因此原告的行为不属于《电力设施保护条例》中规定的危害电力设施中擅自攀登杆塔能致被告免责的行为。据此，法院判定被告的辩解不成立，对原告的请求予以支持；但基于原告监护人未尽到监护责任，可以适当减轻被告的赔偿责任，最终判定原告承担医药费的30%，被告承担70%。经被告上诉后，二审法院审理认为，受害人叶建凡本人年满13周岁，对于高压电的高度危险性应当具有一定的预知能力，基于此，二审法院判定原告承担医药费的40%，被告承担60%。[①]

上述案例中，虽然二审法院与一审法院的判决结果有所差异，但二者要求被告承担民事赔偿责任的依据都是一样的，即由于被告属于高度危险作业，对从事该行业过程中造成的侵害应当承担无过错责任。

在过错推定责任原则中，加害人如果能够证明自己不存在过错则可以免责，而无过错责任原则中，过错不是责任的构成要件，无论行为人是否存在过错都应当承担赔偿责任。因此，无过错责任显然比过错推定责任更为严格，就对加害人主观过错的考量而言，无过错责任原则属于绝对的严格责任。但是，无过错责任原则中，加害人并非没有任何辩护事由，受害人的过错或不可抗力等因素仍然可以成为减轻或免除加害人责任的理由。即当原告证明被告行为的违法性、损害事实、被告行为与损害事实的因果关系后，如果被告能够证明损害是由受害人故意或重大过失或不可抗力造成的，则即可减轻或免除被告的赔偿责任。

例如，2002年9月2日，年满14周岁的车某在经过成昆线米易车站货场时，看见有4节棚车停靠在该车站内，车某随后爬

---

① 国家法官学院编：《法律教学案例精选2007年民事卷》，中国政法大学出版社2008年版，第212~214页。

上车棚。当车某爬到车棚顶盖时，被上方的接触网高压电击伤。车站的电力职工在进行线路检查时发现该情况后，即使向车站报告，车站相关工作人员及时断电后将车某救下，并送往了当地铁路医院救治。成都铁路分局为车某垫付了6万元医药费。法院在审理该案时认为，车某擅自进入车站货场攀爬车棚的行为违反了《铁路运输安全条例》等规定，属于违法行为。被告成都铁路分局在接触网电杆上标识了高压危险的警示牌，并对相关安全事项进行过公告，在车某受伤后及时将其送往医院治疗并垫付了医药费，因此，被告在本案中尽到了相应的义务。而车某已年满14周岁，对于接触网电杆上的危险警示标识应当有所意识，对于其行为的严重后果应当预见，因此，车某的人身损害后果是由其自身造成，被告成都铁路分局存在免责事由，不承担赔偿责任。①

本案中被告成都铁路分局的电力设施致害属于无过错责任范围，对于原告车某的损害本应由被告承担全部赔偿责任，但由于原告车某自身存在重大过失，无过错责任中被告可以以受害人存在故意或重大过失免除或减轻责任，因此，原告车某理应对其损害后果自己承担责任。

虽然无过错责任在我国侵权行为法中作为一项归责原则，对于更好地保护受害者的利益，最大限度地挽回受害者的损失发挥了重大作用，但与此同时，有学者指出无过错责任不应当成为我国侵权法中的一项归责原则，我国《民法总则》中有关无过失责任主要表现为一些高度危险责任，但这只是民法中极为有限的一些情况，无过失责任尚不具有归责原则所应具有的普遍适用范围。无过失责任会构成对侵权行为法的致命威胁：第一，现代侵权法的共同过错责任、抗辩制度、赔偿制度等基本制度都是以过错归责为基础，如果扩大无过失责任的适用范围，将对这些基本制度的适用空间造成影响。第二，无过失责任和过错责任是一对对立的概念，无过失责任的发展必将导致过错责任的适用范围缩

① 黄松有：《侵权行为法研究》，人民法院出版社2006年版，第246页。

小，最终将导致过错归责体系的瓦解。第三，无过失责任不具有法律责任应当具备的教育和预防作用。无过失责任虽然是为了不使无辜受害人承担损失，而由加害人承担受害人的损失，但对受害人的公平不能以对加害人的不公平和损害社会秩序为代价。①

本书认为，侵权行为法的目的在于保护社会公众的人身和财产权益，无过错责任原则的确立旨在减轻受害人的举证困难，更好地使损失得到弥补。现代社会发展过程中的风险无处不在，伴随着经济的发展，诸如环境污染、高度危险行业等特殊侵权行为呈现上升趋势，无过错责任原则的确定可以使得相关诉讼过程中有法可依。而且，在侵权损害赔偿中，过错责任原则仍然处于主导地位，无过错责任原则的适用范围必须由法律明确规定。无过错责任与过错推定责任相对于过错责任而言，更为注重对受害人的保护，对于加害人要求更为严格，属于广义上严格责任的范畴。同时，在一定意义上弥补了过错责任原则面临特殊侵权行为时的不足。作为被告的加害人因为特殊侵权主体，理应承担更多的社会责任。况且，无过错责任原则并非绝对排除了被告的辩护权利，受害人的过错、不可抗力等仍然可以成为被告减轻或免除责任的事由，因此，无过错责任原则在不使无辜受害人承担损失的同时，也兼顾了加害人的合法权益。

第二节　我国内地及港台地区环境犯罪归责原则

“一国两制”是我国在实际处理香港问题时提出的一项基本国策。不仅是香港地区，台湾地区和澳门地区的各项制度与我国内地相关制度都有着显著区别，在法律制度上也是如此。由于澳门法律秉承了葡萄牙法律传统，具有明显的大陆法系法律特点，

① 王利明：《侵权行为法研究》，中国人民大学出版社 2004 年版，第 335 ~ 336 页。

与台湾法律有着相似之处，因此，本部分主要介绍我国内地环境犯罪的归责原则以及香港地区、台湾地区环境犯罪归责原则的具体规定。

一、我国内地环境犯罪归责原则

无论是我国刑法理论界还是实务界，主客观相统一原则一直被认同是行为构成犯罪的重要衡量标准。犯罪的成立必须具备故意或过失的主观罪过，缺乏故意或过失的罪过形式支配下实施的行为，即便发生了严重的损害后果，由于其不具有刑法意义上的社会危害性，因此不构成犯罪。《刑法》第 14 条、15 条明确规定了犯罪的故意和过失两种罪过形式，另外，《刑法》第 16 条规定了不属于故意或过失的行为不构成犯罪。作为刑法总则的具体内容，这些规定显然适用于一切犯罪的主观标准，环境犯罪也不例外。

我国关于环境犯罪的具体法律规定，集中体现在《刑法》第六章妨害社会管理秩序罪第六节破坏环境资源保护罪中。一些环境特别立法中虽然均有关于环境犯罪的规定，但在具体适用罪名和刑罚时仍需参照《刑法》的相关规定。如 2017 年《水污染防治法》第 101 条中规定，违反本法规定，构成犯罪的，依法追究刑事责任。《大气污染防治法》第 127 条中规定，违反本法规定，构成犯罪的，依法追究刑事责任。环境犯罪分为污染型环境犯罪和破坏型环境犯罪，刑法条文中往往并没有直接体现出某一具体环境犯罪罪名的主观方面，如《刑法》第 338 条规定污染环境罪时，表述为“违反国家规定，排放、倾倒或者处置……”第 340 条规定非法捕捞水产品罪时，表述为“违反保护水产资源法规，在禁渔区、禁渔期或者使用禁用的工具、方法捕捞水产品……”但没有明确规定不代表不需要主观罪过，在对罪名进行具体解释时，仍包含主观罪过的内容。

刑法修正案（八）出台之后，环境犯罪的罪名有稍微的变动。以往的“重大环境污染事故罪”被修改为“污染环境罪”，有学者认为，修改后的污染环境罪的主观方面应当为故意。[①] 本书认为，污染环境罪比之前的重大环境污染事故罪更为严格，如修改后的污染环境罪在对行为危害的界定上使用的是“严重污染环境”，而修改前则使用的是“造成重大环境污染事故，致使公私财产遭受重大损失或者人身伤亡的严重后果”。而且，最高人民法院和最高人民检察院共同发布的《关于办理环境污染刑事案件适用法律若干问题的解释》中指出，严重污染环境的情形包括：（一）在饮用水水源一级保护区、自然保护区核心区排放、倾倒、处置有放射性的废物、含传染病病原体的废物、有毒物质的；（二）非法排放、倾倒、处置危险废物三吨以上的；等等。即如果发生这些造成严重污染环境的行为，即使没有造成严重的污染后果时也应当成立本罪。显然，修改后的污染环境罪的规定比修改前的规定惩罚范围更大，入罪门槛更低。司法实践中，实施污染环境罪的主体主要以企业法人为主，即企业法人生产造成的污染仍占据污染环境罪的绝大多数，而企业法人造成环境污染往往是附随其生产而发生，主观上表现为直接故意的相对较少，间接故意或过失的情况较多。因此，污染环境罪的主观方面，应当既包括故意，也包括过失。而其他破坏型环境犯罪，基本都属于故意犯罪，且以造成严重的后果为犯罪成立的前提。[②]

不难发现，我国内地环境犯罪的犯罪构成，无论是污染型环境犯罪还是破坏型环境犯罪，都以行为具备主观过错为前提，体现出了成立犯罪必须遵循过错责任原则。严格责任原则在我国内地环境犯罪构成中，当前尚且未能得到适用。

二、我国香港地区环境犯罪归责原则

我国香港地区适用的法律基本上沿用了英国的立法模式，因

---

① 张明楷：《刑法学》，法律出版社 2011 年版，第 995 页。

② 赵秉志：《环境犯罪及其立法完善研究》，北京师范大学出版社 2011 年版，第 90 ~94 页。

此，香港的刑法制度表现出了英美法系刑法制度应有的特征。香港地区对于环境保护方面比较重视，惩罚力度较大，在立法上，将环境污染违法行为全面刑事化，而且由于香港地区的环境刑事立法沿用了英国的立法模式，采用附属刑法来预防和惩治环境犯罪，因而香港的各类环境污染管理条例实际上充当了环境刑事立法。如香港的《水污染管制条例》《空气污染管制条例》《废物处置条例》等，都涉及了环境刑事立法的规定，是环境刑事执法和司法的重要依据。①

就环境犯罪归责而言，香港地区的环境刑事责任往往也体现出了严格责任的立法思想，即被告人无论是基于故意或是过失，只要行为触犯了环境污染管理条例而造成环境污染，就要承担刑事责任。而且，在污染管理条例中规定的犯罪，基本都属于严格责任犯罪。这类条例主要包括《噪音管制条例》《海上倾倒物料法案》《水污染管制条例》等。在这种情况下，控诉方只需证明被告人造成了污染后果或危险，而无须证明被告人违反相关污染管理法律规范“带有任何意图、知情或疏忽的成分”，但被告人可以以“应尽努力”作为辩护理由，即被告人可以证明其“已采取一切合理的可供采取的步骤以确保不会犯有关罪行”，从而免除可能承担的刑事责任。② 从这一点可以看出，与现代英美法系国家普遍适用的严格责任一样，香港地区环境犯罪所适用的严格责任也属于相对严格责任，被告人所享有的辩护权本质上是对于不存在故意或过失的辩护。

当然，并不是说香港地区所有的环境犯罪都属于严格责任犯罪。罪过仍是构成犯罪的基本要件，一些条文也对于某些违法行为明确规定了应采取犯罪意图，规定必须具有故意或过失才需承担刑事责任。如香港《噪音管制条例》第 II 部 4（2）规定：任

① 吴献萍：《环境犯罪与环境刑法》，知识产权出版社 2010 年版，第 92 页。

② 卢永鸿：《中国内地与香港环境犯罪的比较研究》，中国人民公安大学出版社 2005 年版，第 283 页。

何住用处所的业主、租户、占用人或掌管人，于下午11时至翌日上午7时，或于公众假日的任何时间，明知而准许或任由该住用处所发出，而该噪音对任何人而言是其烦扰道德根源，即属犯罪。[①] 该条规定中，“明知而准许或任由”则表明了构成该罪时行为人主观上必须存在故意，“准许”实际上表明了行为人积极的直接故意犯罪心理，而“任由”则属于放任的间接故意犯罪心理。

三、我国台湾地区环境犯罪归责原则

我国台湾地区的环境犯罪立法较早，在发展过程中，台湾地区的“环境刑法”针对该地区在经济发展中出现的环境问题，借鉴了德国、日本、美国、英国等国家的立法经验，不断对该地区的环境犯罪立法规定进行修正和完善。[②] 在我国大陆地区，环境犯罪的立法规定都集中体现在刑法中，相比较而言，台湾地区的环境犯罪则较多散见于各种非刑事法律规范当中，如“空气污染防治法”“水污染防治法”“森林法”“废弃物清理法”等特别法中，都有环境犯罪的立法规定。除此之外，我国台湾地区的“刑法典”中也有关于环境犯罪的立法规定，如台湾“刑法”第177条规定的漏逸或间隔气体罪：（1）漏逸或间隔蒸汽、电气、煤气或其他气体，致生公共危险者，处3年以下有期徒刑、拘役或新台币300元以下罚金。（2）因而致人于死者，处无期徒刑或7年以上有期徒刑。致重伤者，处3年以上10年以下有期徒刑。[③] 因此，台湾环境犯罪的刑事立法表现出以附属刑法为主，“刑法典”为辅的立法模式。

---

① 卢永鸿：《中国内地与香港环境犯罪的比较研究》，中国人民公安大学出版社2005年版，第283页。

② 吴献萍：《环境犯罪与环境刑法》，知识产权出版社2010年版，第96页。

③ 赵秉志、王秀梅、杜澎：《环境犯罪比较研究》，法律出版社2004年版，第130页。

我国台湾地区“刑法”比较完整地吸收了德日刑法学中的犯罪构成理论，因此，其环境犯罪构成方面，也主要表现出大陆法系犯罪构成理论的特点。在环境犯罪归责方面，我国台湾地区也遵循罪过责任原则，即构成环境犯罪的，行为人主观上必须存在故意或过失。对此，台湾理论界和实务界的认识基本相同，并且对于无过失责任制度采取否定的态度。[①] 如台湾“刑法”第190条关于“妨害公众饮水罪”的规定：（1）投放毒物或混入妨害卫生物品供公众所饮之水源、水道或自来水池者，处1年以上7年以下有期徒刑。（2）因而致人于死者，处无期徒刑或7年以上有期徒刑。致重伤者，处3年以上10年以下有期徒刑。(3) 因过失犯第一项之罪者，处6个月以下有期徒刑、拘役或新台币300元以下罚金。（4）第一项未遂犯罚之。[②] 在该法条中，第（3）和第（4）款说明了行为人实施第（1）款即投放毒物或混入妨害卫生物品的行为是故意行为，第（3）款特别强调过失犯本罪的处罚情况，因此，不难发现“妨害公众饮水罪”的主观上表现为故意和过失。

由于我国台湾地区承袭了旧中国时期的刑事法律体系，故意犯罪仍在整个犯罪体系中占据了绝大多数。与我国内地刑法一样，台湾地区关于故意犯罪的规定，大多数并未在法条中直接明确“故意”的规定，如“空气污染防治法”第46条规定：违反第32条第一项未立即采取紧急应变措施或不遵行主管机关依第32条第二项所为之命令，因而致人于死者，处无期徒刑或7年以上有期徒刑，得并科新台币500万元以下罚金；致重伤者，处3年以上10年以下有期徒刑，得并科新台币300万元以下罚金；致危害人体健康导致疾病者，处5年以下有期徒刑，得并科新台币200万元以下罚金。“台湾地区废弃物清理法”第45条第1款

① 王秀梅：《台湾环境刑法与环境犯罪研究》，载《中国刑事法杂志》1999年第3期。

② 吴献萍：《环境犯罪与环境刑法》，知识产权出版社2010年版，第98页。

规定：违反……规定，因而致人于死者，处无期徒刑或7年以上有期徒刑，得并科新台币1500万元以下罚金；致重伤者，处3年以上10年以下有期徒刑，得并科新台币900万元以下罚金；致危害人体健康导致疾病者，处5年以下有期徒刑，得并科新台币600万元以下罚金；[①] 等等。这些法律规范中，并没有指出犯罪的主观方面，但通常应将其解释为故意犯罪。相反，过失可以构成犯罪的一般都进行了明确说明，前文“妨害公众饮水罪”就是很好的例证。

通过比较可知，我国内地环境犯罪和以大陆法系为主体的台湾地区环境犯罪刑事立法中，过错责任原则是两地立法规定的成立环境犯罪应当遵循的归责原则，严格责任原则并没有在环境犯罪立法中得到体现。香港地区适用英美法系的法律制度，在环境犯罪中适用严格责任的情况则比较普遍。

第三节　我国环境犯罪的主观要件分析

环境犯罪包含污染型环境犯罪和破坏型环境犯罪，但在我国刑法中，并未将二者明显地区分开来，而是全都规定在破坏环境资源保护罪一节中。但是，由于污染型环境犯罪更多地体现为环境污染，包括对大气、水体、土壤等环境因素的污染；而破坏型环境犯罪则是指生态破坏，直接表现为对地球上的整个生态系统进行破坏。二者不仅侵害的对象存在差异，而且在犯罪的认定难度上也有所不同。在对二者的主观要件进行分析时，有必要将其区分开来。

一、污染型环境犯罪的主观要件

污染型环境犯罪在我国刑法中包括三项罪名，分别是刑法第

① 吴献萍：《环境犯罪与环境刑法》，知识产权出版社2010年版，第99～100页。

338 条规定的污染环境罪、第 339 条规定的非法处置进口的固体废物罪和擅自进口固体废物罪。就犯罪的主观要件而言，刑法均没有对该三项罪名的主观罪过进行明确。但没有明确主观罪过并不意味着构成此类犯罪就不需要主观罪过，在对这类罪名进行具体解释时可以发现，罪过仍然包含在这类犯罪的构成要件之中。

具体而言，依据刑法对污染环境罪的定义可知，行为人构成污染环境罪的，必须具有“违反国家规定，排放、倾倒或处置有放射性的废物、含传染病病原体的废物、有毒物质或者其他有害物质”的行为，并且必须至少达到严重污染环境的程度。显然，违反国家规定，实施排放、倾倒或处置有害物质的行为，通常都是故意为之，但对于污染行为是否一定会达到严重污染环境的程度，行为人不仅可能处于故意心态，也可能包含过失。对此，从最高人民法院、最高人民检察院发布的《关于办理环境污染刑事案件适用法律若干问题的解释》（以下简称《解释》）的相关规定也能够证实。例如，该《解释》第 1 条关于污染环境罪“严重污染环境”的具体情形第二项“非法排放、倾倒、处置危险废物三吨以上的”，此情形显然属于故意犯罪，即行为人故意非法排放、倾倒、处置危险废物三吨以上。而该条第 15 项“致使三十人以上中毒的”，则属于过失犯罪，即行为人实施污染环境行为时对致使三十人以上的中毒事件在主观上属于过失，相反，如果行为人存在主观故意的话，则可能构成以污染环境的手段实施故意伤害或投放危险物质犯罪的行为。此处的过失成立理由与交通肇事罪的过失主观罪过有着相似的地方，交通肇事行为人往往对于违反交通法规心知肚明，故意为之，但对于发生交通事故则是过失心态，否则就不仅只是构成交通肇事罪这一过失犯罪了。

需要解释的是，我国刑法中的罪名通常都只存在一种主观罪过，即某一个罪名要么是故意犯罪，要么是过失犯罪，而主观上既可以是故意也可以是过失的犯罪，在我国刑事立法当中比较罕见，但是我国刑法中确实存在这样的情况。一些学者就认为，

《刑法》第397条规定的滥用职权罪和玩忽职守罪，其主观罪过就兼具故意和过失。① 另外，《刑法》第398条关于泄露国家秘密罪的规定：国家机关工作人员违反保守国家秘密法的规定，故意或者过失泄露国家秘密，情节严重的，处……其中，“故意或者过失泄露国家秘密”，无疑意味着泄露国家秘密罪的主观方面也兼具故意和过失。对于类似这种同一罪名的犯罪心态既有故意也有过失的罪过形式，有学者将其称之为复合罪过形式。② 污染环境罪通常情况下是由企业生产过程中因间接故意或过失造成，这种主观方面兼具故意和过失的特点，与滥用职权罪、玩忽职守罪等罪名的罪过形式一样，都属于复合罪过形式。

刑法对非法处置进口固体废物罪的规定是：违反国家规定，将境外的固体废物进境倾倒、堆放、处置的，处5年以下有期徒刑或者拘役，并处罚金；造成重大环境污染事故，致使公私财产遭受重大损失或者严重危害人体健康的，处5年以上10年以下有期徒刑，并处罚金；后果特别严重的，处10年以上有期徒刑，并处罚金。该罪的行为方式为：违反国家规定，将境外的固体废物进境倾倒、堆放、处置。显然，该罪名以行为实施即告成立，属于典型的行为犯，而且，“违反国家规定”“倾倒”“堆放”“处置”也表明了行为人在实施行为时主观上表现为故意，因此，该罪名应当属于故意犯罪。

刑法对擅自进口固体废物罪的规定是：未经国务院有关主管部门许可，擅自进口固体废物用作原料，造成重大环境污染事故，致使公私财产遭受重大损失或者严重危害人体健康的，处五年以下有期徒刑或者拘役，并处罚金；后果特别严重的，处五年以上十年以下有期徒刑，并处罚金。该罪名的行为方式是：未经国务院有关主管部门许可，擅自进口固体废物用作原料。由此可

① 张军、姜伟、朗胜、陈兴良：《刑法纵横谈（总则部分）》，北京大学出版社2008年版，第132~138页。

② 储槐植：《刑事一体化论要》，北京大学出版社2007年，第134页。

知，行为人在实施具体的擅自进口固体废物用作原料的行为时，主观上表现为故意，即明知未经许可而为之。但在因该行为而造成重大环境污染事故时，应当属于过失。因此，与交通肇事罪的主观表现形式一样，该罪名应当属于过失犯罪。

二、破坏型环境犯罪的主观要件

我国刑法关于破坏环境资源保护罪一节中，除第338条和339条属于污染型环境犯罪之外，其他都属于破坏型环境犯罪。与刑法关于污染型环境犯罪的罪行规定一样，破坏型环境犯罪的罪行设置中也没有直接体现犯罪主观方面究竟是故意抑或是过失的规定。这种缺乏明确的主观罪过的规定，在我国刑法中并不少见，基于立法技术的考虑，只是在具体文字表述上省略了对于主观罪过的表达，但并不会因此影响对具体罪名主观罪过的认定。

依据《刑法》第340条的规定，非法捕捞水产品罪，是指违反保护水产资源法规，在禁渔区、禁渔期或者使用禁用的工具、方法捕捞水产品，情节严重的行为。该罪名的犯罪构成要件在客观上必须具有违反保护水资源法规，且在禁渔区、禁渔期或使用禁用的工具或方法捕捞水产品的行为。而在实践中，有关禁渔区、禁渔期以及禁用工具或方法显然是一般渔民都十分清楚的，行为人（一般是渔民）明知存在这些禁止性规定而违法捕捞水产品，实际就是违反了保护水产资源法规的规定，显然行为人在主观上存在着故意，因此，非法捕捞水产品罪的主观罪过应当是故意。

非法猎捕、杀害珍贵、濒危野生动物罪，是指非法猎捕、杀害国家重点保护的珍贵、濒危野生动物的行为；非法收购、运输、出售珍贵濒危野生动物、珍贵、濒危野生动物制品罪的指非法收购、运输、出售国家重点保护的珍贵、濒危野生动物及其制品的行为。该两项罪名虽然不像其他环境犯罪都具有“违反……规定”或“未经……许可”的前提，但是何为珍贵、濒危野生动物则需由专门的文件进行规定，对此《关于审理破坏野生动物资源刑事案件具体应用法律若干问题的解释》第1条就对珍贵、濒危野生动物进行了明确规定，这也使得非法猎捕、杀害珍贵、濒危野生动物罪和非法收购、运输、出售珍贵濒危野生动物、珍贵、濒危野生动物制品罪的行政从属性得以体现。该两项罪名在行为方式的定义上采用“非法猎捕、杀害”“非法收购、运输、出售”进行规定，体现出行为的故意性，与前述非法捕捞水产品罪一样，该两项罪名的主观罪过也应是故意。

其他破坏型环境犯罪，如非法狩猎罪、非法占用农用地罪、非法采矿罪、破坏性采矿罪滥伐林木罪等，实际上也都呈现出相同的特点，在行为方式上通常都是“违反……规定”而非法进行的破坏生态资源的行为，因此在主观上都表现为故意。盗伐林木罪虽然没有在法条中明确“违反……规定”，但由于盗伐行为本身就是一种危害社会的行为，并且与盗窃罪一样，主观上都属于故意，情节严重的理应成立犯罪。

第四章　严格责任与环境犯罪相关理论的关系

与传统刑事归责原则的差异，使得严格责任能否适用于刑事领域在理论界和实务界均颇受争议。本书认为，严格责任适用于环境犯罪具有其必要性和可行性，后文将对此进行详细论述。此外，从环境犯罪这一特殊的犯罪类别角度而言，严格责任与环境犯罪的相关理论也存在着高度的契合，理应适用于环境犯罪。

第一节　严格责任与恢复性司法

作为一种新的司法理念，关于恢复性司法（Restorative justice）的定义，目前仍没有形成具体明确的共识。美国学者托尼·F. 马歇尔认为：恢复性司法是指由犯罪人、被害人及他们所在的社区共同参与，并与法定的犯罪问题处理机构之间保持着一种积极关系的，一种处理犯罪相关问题的方式。[①] 澳大利亚犯罪学家布雷思韦特认为恢复性司法的目的在于：（1）恢复被害人所受到的物质损失、人身伤害以及人格尊严；（2）实现人们对司法的真正控制；（3）旨在赢得社会支持和认同，在正义得以真正实现的心理基础上恢复社会的和谐。[②] 联合国经社理事会通过

---

① 托尼·F. 马歇尔：《恢复性司法概要》，载王平：《恢复性司法论坛》，群众出版社 2006 年版，第 323 页。

② 王宏玉：《恢复性司法及在我国的前景》，载《中国人民公安大学学报（社会科学版）》2009 年第 4 期。

的《运用恢复性司法方案于犯罪问题的基本原则》中指出：恢复性司法是指运用恢复性过程或目的实现恢复性结果的任何方案。从司法模式的角度来说，恢复性司法是指与特定犯罪有利害关系的各方共同参与犯罪处理活动的司法模式。

一、恢复性司法的理论基础

恢复性司法的本质是强调犯罪结果的恢复性，目的在于通过犯罪人、被害人及其他关联主体之间的协商与交流，使得被犯罪所侵害的客体能够以一种和谐、有效的方式得到恢复。当然，这里的恢复并不是指绝对的恢复原状，一方面，在大多数情况下被犯罪所侵害的客体是无法恢复原状的，事后能做的只是尽可能弥补犯罪所造成的损失，修复受损的社会关系，正因如此，一些国家将其称为修复性司法。另一方面，即便是能够通过赔偿或其他方式恢复犯罪前的原有状态，但此时的社会矛盾已经得到了缓和或解决，与犯罪前的社会关系也有了本质区别。

恢复性司法作为一种全新的司法理念，其自身的独特性主要体现在与传统刑事司法的差别上。传统刑事司法主要分为报应型司法、目的型司法以及二者兼具的折中理论，虽然在具体的内容上各自的侧重点不同，但传统刑事司法都肯定刑罚对于打击和预防犯罪的重要性。而恢复性司法则与传统刑事司法表现出了不同的司法理念，具体而言：第一，传统刑事司法认为犯罪是对国家的侵害，因此国家应当对犯罪人进行刑事制裁，犯罪人受到适当的刑罚是问题的关键，被害人的地位没有受到重视；而恢复性司法则强调犯罪是人与人之间侵害与被侵害的关系，被害人的权利得到认可，被害人与犯罪人矛盾关系的解决是问题的关键。第二，传统刑事司法强调对犯罪人犯罪行为的惩罚和谴责，关注的是过去的犯罪事实，为了惩罚和威慑而实施刑罚；而恢复性司法则强调犯罪产生的矛盾的解决，即如何消除犯罪的社会影响，具有前瞻性，意在通过赔偿等方式恢复受损的社会关系。第三，传统刑事司法中，犯罪人对责任承担的方式是接受惩罚，犯罪与社会其他人没有关系；而恢复性司法中，犯罪人对责任的承担是认识到犯罪对他人造成的危害，并通过社会的共同努力帮助犯罪人弥补造成的损失。第四，传统刑事司法主张对犯罪人进行惩罚，实际上是通过国家施加的合法化伤害代替了犯罪人实施的非法伤害。

可见，恢复性司法的恢复性、前瞻性等特点，使得其关注已有问题和矛盾的解决，将对被害人因犯罪所造成的损害的赔偿或修复作为核心目的。恢复性司法所具有的这些优势也反映了传统刑事司法的不足，但这并不意味着恢复性司法应当取代传统刑事司法的地位。传统刑事司法虽然忽视了被害人的需求和受损社会关系的恢复，但其在预防和打击犯罪上所发挥的积极作用仍不可取代。恢复性司法虽然强调恢复受损的社会关系，但传统刑事司法对犯罪处罚的必要性仍然不应忽视。恢复性司法与传统刑事司法不是非此即彼的对应关系，即便在恢复性司法兴起较早的西方国家，恢复性司法也没有完全取代现行刑事司法而成为刑事司法的主流。[①] 因此，恢复性司法的优越性应当得到肯定，但传统刑事司法的地位不会因此受到撼动，二者应当是相辅相成的关系，共同为实现良好的刑事法治目标发挥各自的作用。

二、恢复性司法适用于环境犯罪的主要依据

传统刑事司法在打击和预防犯罪问题上具有良好的效果，但在现代社会发展中，单纯对犯罪行为人进行制裁并不是对社会发展的最佳回应。刑法不仅应当追求刑罚效果，更应当追求社会效果。恢复性司法正是考虑到犯罪造成的社会影响，追求于社会矛盾的解决，其可以而且应当适用于解决环境犯罪问题。

（一）恢复性司法与惩治环境犯罪的目的相吻合

无论是报应型司法还是目的型司法，都主张通过刑罚手段制

---

① 吕欣:《重识恢复性司法》，载《求索》2012 年第 7 期。

裁犯罪，从而实现刑罚的威慑力，这种传统刑事司法理念在环境犯罪中的缺陷可见一斑。仅仅对犯罪人处以严厉的刑罚，最多只能实现刑罚的惩罚效果和预防效果，在一定程度上能够阻止类似犯罪的发生。但因犯罪行为所造成的危害后果，并不能通过对犯罪人施加刑罚得到补救。环境犯罪后果的严重性和难以弥补性要求，如何减少或避免犯罪后果所带来的现实危害，才是实现生态环境保护的重中之重。惩治环境犯罪的目的不应当停留于实现刑罚的报应和威慑，而应当强调对生态环境自身的恢复和保护。通过近些年来刑法修正案对环境犯罪的修改可知，行为犯在环境犯罪中的比例越来越大，结果犯的范围相对受到限制，例如"重大环境污染事故罪"被修改为"污染环境罪"之后，不需要危害后果的出现仅依据"严重污染环境"的行为事实就可以定罪。一些学者还主张应当引入环境犯罪危险犯，以取代结果犯的不足。也有学者主张降低环境犯罪的主观证明标准，引入严格责任制度。对于环境犯罪因果关系证明困难的问题，一些学者建议在环境犯罪中引入因果关系推定理论。这些立法变革和理论建议，其共同点在于肯定了环境犯罪的入罪门槛应当降低，目的是更为有效地保护生态环境本身。

恢复性司法则主张通过恢复性赔偿的方式，由犯罪人赔偿受害人因犯罪行为所遭受的损失，可以通过向受害人返还原物或赔偿价值相当的替代物，或直接为被害人提供性质相当的服务，或是犯罪人和被害人协商认可的其他任何合理方式实现。与传统刑事司法所主张的刑罚相比，恢复性司法主张的恢复性赔偿将对被害人权益的恢复作为首要目标，这既可以恢复被害人和社会因犯罪所遭受的物质损失，又能够修补被害人在犯罪中所遭受的心理创伤，同时有利于犯罪人人格和社会角色的复归。[①] 环境犯罪的危害后果极其严重，污染周期长，恢复难度大，这些都说明了单

① 雷鑫、张永青：《环境犯罪刑事和解的证成与价值——以恢复性正义为视角》，载《湘潭大学学报（哲学社会科学版）》2010年第1期。

纯的事后处罚对于环境法益的保护无济于事。对于环境犯罪的预防和控制，远远重于对犯罪行为的打击；在造成危害后果时，更应当关注受损的环境法益的修复。因此，督促行为人实施有效措施防止危害后果的发生，尽可能补救对环境法益造成的创伤，才是应对环境犯罪应有的核心价值取向和法治目的，而恢复性司法所主张的恢复性赔偿，与这一目的的实现完全吻合。

（二）环境犯罪后果的特殊性需要恢复性司法

环境犯罪后果的特殊性，其中一个非常突出的特点就是危害后果的严重性。在污染型环境犯罪中，企业排放的废气、污水、废渣会直接暴露在环境当中，从而破坏原有的环境状态，而且这种破坏往往非常严重。例如，近几年来经常被提及的“雾霾”，给北方多数地区的民众出行造成了严重困扰，空气中飘散的颗粒、粉尘等污染物，直接伤害到民众的呼吸系统。松花江苯类物质引起的重大水污染事件、广西龙江河镉污染事件、云南曲靖铬渣污染事件、江苏镇江苯酚污染事件，在我国类似的环境污染事件可谓数不胜数，这些事件的直接后果就是导致生态环境遭受严重污染，民众的生命健康遭受严重危害。此外，近些年来发生的温室效应、山体滑坡等自然灾害，与森林资源遭受严重毁坏有着直接关系，不仅如此，生态的破坏还直接导致一些珍贵野生动植物的减少甚至灭绝。毋庸置疑，环境犯罪给生态资源带来的创伤往往是灾难性的，给人类生存条件造成的破坏是致命性的。传统刑事司法在应对环境犯罪时，通常是以刑罚的手段实现对于犯罪的打击和预防，犯罪人一般只会被处以监禁刑和罚金，单位犯罪的，仅处以罚金。而刑罚的适用只能对犯罪本身产生威慑力，并不能解决环境问题，对于犯罪人的矫正功能和被破坏的环境资源的恢复缺乏实质效果。

环境犯罪的特殊性要求，对于环境犯罪的惩治，需要以预防和控制为主。因此，应对环境犯罪不仅应当注重刑罚的适用，更应当注重以其他司法手段补救犯罪对生态环境造成的侵害，重视对于环境法益的保护。恢复性司法能够实现对于犯罪人的矫正，实现控制犯罪的目的，并且能够对犯罪后果进行恢复和补偿。恢复性司法的核心内容不在于对过去犯罪行为的惩罚，而在于积极消除犯罪带来的危害后果和犯罪人再犯可能性，其注重对于被害人的保护，无疑与实现对于环境法益保护的目标相一致。具体而言，犯罪环境犯罪的犯罪对象是生态环境本身，犯罪人实施环境犯罪后，对于犯罪人的惩罚应当以恢复生态环境为本位，通过评价犯罪人对环境法益进行恢复的实际效果，相对减轻甚至免除传统刑事司法施加于犯罪人的刑罚。

（三）恢复性司法是轻刑化趋势的必然要求

刑罚的发展总体表现出轻刑化趋势，纵观刑罚的发展历史，主要经历了生命刑、肉刑、自由刑和非自由刑。当今社会，自由刑仍然是主要的刑罚手段，但是非自由刑已经越来越受到普遍的重视，并有代替自由刑的趋势。这种轻刑化的趋势已经成为刑罚发展的必然选择。所谓轻刑化，是指实际表现为相对较轻的刑罚对付和应对犯罪，以及倡导以尽可能轻的刑罚来惩罚和控制犯罪的刑事政策，具体表现在刑罚体系中惩罚总量的降低，轻刑、缓刑、假释的广泛适用。①

相对于传统自然犯而言，环境犯罪通常直接作用于环境本身，而不直接侵害民众的个人权利，因而人们对于环境犯罪的非难和谴责远没有其他犯罪那么强烈。此外，环境犯罪的发生原因具有复杂性，多数情况下是经济发展中而附带产生，主观上主要表现为间接故意或过失，因此，环境犯罪问题不仅难以通过刑罚实现根本性消灭，刑罚手段对于已然犯罪人的矫正功能并不突出，而且严厉的刑罚手段还会阻碍社会经济的正常发展。基于此，严厉的刑罚手段不适宜应对环境犯罪，轻刑化才符合解决环境犯罪的司法理念。恢复性司法主张犯罪应该被认定为是对被害人的侵害，犯罪是对于社会公共秩序的挑战，对待犯罪的态度应

---

① 卞建林、杨冠宇：《联合国刑事司法准则撮要》，中国政法大学出版社 2003 年版，第 167 页。

当是致力于减轻其所造成的损害和挑战。可见，恢复性司法不主张对犯罪人施加严厉的刑罚，而是要求犯罪人积极赔偿被害人的损失，减少犯罪给社会造成的危害，恢复犯罪所破坏的社会公共秩序。恢复性司法是通过在犯罪人与被害人及社会之间创造和谐的氛围，化解犯罪引发的社会矛盾，能够有效实现对犯罪人的矫正和预防犯罪，达到减小犯罪人人身危险性的目的；犯罪人通过赔偿犯罪造成的危害后果，也减轻了行为的社会危害性。因此，恢复性司法的适用，本质上是通过减轻犯罪人的刑罚，让其积极赔偿犯罪造成的损失，实现司法的公平正义，这种司法理念，契合了轻刑化发展趋势。

三、严格责任与恢复性司法的关系

恢复性司法作为一种刑事司法理念，在环境犯罪中的适用重在强调对环境犯罪所造成的社会危害的恢复性，重视对被犯罪行为所破坏的生态环境的重新修复。这与严格责任所表现出的注重对于环境犯罪的严格惩治，旨在对生态环境形成有效的保护存在着密切关联。

（一）严格责任与恢复性司法在适用上相互契合

与传统刑事司法理念所不同的是，恢复性司法不主张对于犯罪行为进行一味地惩处，而是主张在犯罪行为发生后，对犯罪行为所造成的危害后果进行可能性的修复。在具体的适用方式上，通过向犯罪行为的受害人进行赔偿损失、返还原物、赔礼道歉甚至直接提供相应的服务等方式，尽可能修复受损的社会关系。在环境犯罪中，恢复性司法对于环境犯罪行为的惩治，重在要求犯罪主体对被侵害的生态环境进行最大限度的修复，从而达到尽可能恢复生态原状的效果。因此，恢复性司法在环境犯罪的适用，其价值不在于体现在从严惩治犯罪行为本身，而是在于对生态环境自身的保护。

严格责任在环境犯罪的适用，通过降低环境犯罪的入罪门槛，使得环境危害行为被认定为犯罪的难度大大降低。从表象上看，严格责任的适用有扩大刑罚对于环境犯罪的打击面之嫌，但严格责任适用于环境犯罪的初衷绝对不在于为了打击犯罪，而是基于通过形成严厉的刑法保障制度，更加有效地对生态环境进行保护。司法实践中，严格责任的适用将会使得环境犯罪入罪更加容易，这对于有效预防和打击环境犯罪均有实质性意义，从长远视角看，可以通过发挥刑罚的震慑作用来弥补行政处罚手段的不足，使得犯罪主体不敢再轻易涉足环境危害行为。可见，与恢复性司法在环境犯罪适用的基本价值取向一致，严格责任的适用，其本质也是基于对生态环境自身的保护。

此外，从法律性质上而言，严格责任属于特殊的刑事归责原则，在刑事司法实践中的作用发挥在入罪方面。在环境犯罪中，严格责任的适用能够更加方便地达到入罪效果，为司法机关低标准地认定犯罪的成立提供法律依据。而当某一环境危害行为因严格责任原则被认定为犯罪后，还涉及刑罚的问题，即对于严格责任环境犯罪的刑罚适用应当如何合理把握也是需要予以明确的问题。严格责任较之于传统刑事归责原则对于犯罪的认定门槛更低，出于对社会公共利益的考虑而在一定程度上对被告人产生不利效果。也正是因为严格责任的适用旨在对社会公共利益的保护，因此，对于适用严格责任的犯罪进行刑罚时应当更为注重对社会公共利益的保护，而非对犯罪行为本身的惩罚。恢复性司法在环境犯罪的适用，旨在通过修复环境犯罪所侵害的生态环境，达到保护生态环境的最终目的，而对于犯罪行为的惩罚不是其直接目的。显然，严格责任与恢复性司法在环境犯罪中的适用具有高度的契合性，二者均共同致力于对生态环境自身的保护。

（二）严格责任与恢复性司法均符合新时期刑罚的功能定位

理论通说认为，刑罚的功能体现在报应和预防两方面。一方面，刑罚应当具有报应功能，刑罚是从法律层面对行为人的犯罪行为所进行的不利制裁。另一方面，刑罚应当具有预防功能，通过刑罚的适用，达到社会一般预防和特殊预防的效果，避免类似犯罪的发生。但是，犯罪是具有严重社会危害性的行为，刑罚的存在应该旨在对法益的保护，刑罚的最终效果应当是治理犯罪对社会的危害性。“刑罚的目的仅仅在于，阻止罪犯再重新侵害公民，并规诫其他人不要重蹈覆辙。”[①] 因此，刑罚的预防功能应当是其最根本的属性。然而，发挥刑罚的预防功能，绝不是简单通过增加刑罚的严厉程度来实现，而是应当重视刑罚的威慑效应。

提高刑罚的威慑效应所能达到的预防犯罪的效果，比单纯处罚犯罪所能达到预防犯罪的效果往往更有效也更经济。这是因为，刑罚本身也需要耗费成本，刑罚适用的越普遍越严厉，刑罚成本越高。刑罚的威慑效应是通过对行为人产生威慑力而惧于实施犯罪行为，既能够避免社会危害后果的发生，也不会产生过高的刑罚成本。威慑效应的实现并不意味着更严厉的惩罚，受刑罚处罚概率的提升在一定范围内是比增加刑罚严厉程度更经济的做法。[②] 简单地说，就是提高行为人接受刑事处罚的可能性，对行为人产生威慑力，减少犯罪的发生，从而达到保护社会法益的目的。严格责任在环境犯罪中的适用，通过降低犯罪门槛，使得入罪可能性提高，不仅有益于惩罚环境犯罪，更重要的是能够因此而对行为人产生威慑作用，惧于实施危害生态环境的不法行为，从而起到有效预防环境犯罪的发生。严格责任在环境犯罪的适用所体现出的这种法律价值，充分展现了其在刑罚预防效果上所能产生的积极效果。

恢复性司法理念下，环境犯罪的刑罚效果在于注重对犯罪所造成社会危害后果的修复。在环境犯罪的具体刑罚方式上，相较

---

① ［意］切萨雷·贝卡利亚：《论犯罪与刑罚》，北京大学出版社 2011 年版，第 29 页。

② 蔡荣：《法经济学视野下刑罚体系的效益化改造》，载《学术探索》2018 年第 3 期。

于生命刑和长期自由刑而言，恢复性司法注重罚金刑、资格罚和短期自由刑的适用，让犯罪主体能够有能力致力于对生态环境的修复。恢复性司法的这种轻刑化刑事司法理念，重在修复犯罪所侵害的社会法益，并通过多种方式对行为人进行教育和改造，实现预防犯罪的刑罚效果，而不是追求严刑峻罚所产生的粗暴震慑作用。从这一层面而言，严格责任与恢复性司法在环境犯罪的适用，都是通过对生态环境法益形成有效保护，实现刑罚的预防功能，减少环境犯罪发生的概率。

第二节　严格责任与危险犯

通说认为，危险犯，是指以行为人实施的危害行为造成法律规定的发生某种危害结果的危险状态作为既遂标志的犯罪。结果犯是指以发生法定的犯罪结果才构成犯罪既遂的犯罪。行为犯，是以法定犯罪行为的完成作为犯罪既遂标志的犯罪。[①] 在三种犯罪类型中，结果犯对于犯罪既遂的要求最高，即必须具有危害结果的发生。行为犯对于犯罪既遂的要求最低，即只要完成了犯罪行为即构成犯罪既遂。危险犯处于结果犯与行为犯之间，犯罪的既遂需要犯罪行为的完成且产生危险状态，但不需要犯罪结果的发生。

一、环境犯罪引入危险犯的立法背景

自 1997 年刑法实施以后至今，先后共出台了十部修正案，前七次修正案中也出现过对于环境犯罪的立法修正，如刑法修正案（二）中将原刑法中的“非法占用耕地罪”修改为“非法占用农用地罪”，从而扩大了刑法的打击面，加大了土地保护范围。刑法修正案（四）对原来的第 339 条、第 344 条、第 345 条

---

① 参见高铭暄、马克昌：《刑法学》，北京大学出版社、高等教育出版社 2017 年版，第 149 页。

有关环境犯罪立法均进行了修正。总体上，这些基本都是针对破坏环境犯罪进行的修改和完善，对重大环境污染事故罪未有修改。直到刑法修正案（十）出台时，才对原有的重大环境污染事故罪进行了修正。在对犯罪成立要求上，污染环境罪显然要比重大环境污染事故罪低很多，这也使得更多的环境污染行为可能被入罪，更加有利于保护生态环境。

刑法修正案（八）将重大环境污染事故罪修改为污染环境罪，不仅是罪名上发生变化，更重要的是罪名的本质发生了变化。修改前的重大环境污染事故罪属于结果犯，即必须发生“造成重大环境污染事故，致使公私财产遭受重大损失或者人身伤亡的严重后果”时才成立犯罪既遂，而污染环境罪则不要求危害结果的发生，只要行为满足“严重污染环境”的标准即构成犯罪。刑法修正案（八）将原来的重大环境污染事故罪修改为污染环境罪时，主要出于以下原因：一是我国目前在重大环境污染事故的认定标准和损失鉴定机制等方面还不够完善，难以准确评估重大污染事故的损失；二是难以确定污染行为特别是那种由于长期违法排污积累而形成的污染与损害结果之间的因果关系，其中有一些是污染企业数十家，难以确认责任主体。[①]

但《关于办理环境污染刑事案件适用法律若干问题的解释》对“严重污染环境”的司法解释是“在饮用水水源一级保护区、自然保护区核心区排放、倾倒、处置有放射性的废物、含传染病病原体的废物、有毒物质的”“非法排放、倾倒、处置危险废物三吨以上的”“致使公私财产损失三十万元以上的”“致使三十人以上中毒的”“致使乡镇以上集中式饮用水水源取水中断十二小时以上的”“致使三十人以上中毒的”等情形，实际上是将污染环境罪解释成了同时具备行为犯和结果犯的特征，而关于污染环境罪结果犯的现行规定，例如必须发生“致使公私财产损

① 全国人大常委会法制工作委员会刑法室编：《中华人民共和国刑法修正案（八）条文说明、立法理由及相关规定》，北京大学出版社2011年版，第179页。

失三十万元以上的”“致使三十人以上中毒的”等严重后果，不利于对生态环境和社会公共利益的保护。据此，本书认为，应当在污染环境罪中引入危险犯，完善关于结果犯的司法解释现状。

二、环境犯罪引入危险犯的法理依据

公害犯罪在现代社会的迅速增加迫使传统理论的发展，将刑法打击范围前移到实害发生之前的危险阶段，以更好地保护相关法益。[①] 在刑法中设立污染环境罪的危险犯，是有效预防和打击污染环境犯罪的需要。同时，在我国当前刑法理论和刑事司法环境下，也具备设立污染环境罪危险犯的条件。

首先，污染环境罪危险犯的设立符合立法逻辑。通过关于结果犯、危险犯和行为犯的比较可知，污染环境罪的行为犯对于犯罪成立的要求最低，即污染行为实施完毕即构成犯罪既遂；污染环境罪的结果犯对于犯罪成立的要求最高，不仅要求实施污染行为，而且需要出现因该行为造成法定的污染结果；相对而言，污染环境罪的危险犯则在犯罪既遂标准上介于行为犯与结果犯之间，即虽然需要实施污染行为，但又无须出现污染结果，而只需要环境污染状况达到法定的危险状态即可。我国环境刑事立法中，已经出现了结果犯和行为犯的立法规定。《刑法》第 339 条规定的“非法处置进口的固体废物罪”，只要行为人“违反国家规定，将境外的固体废物进境倾倒、堆放、处置的”，即构成本罪，无须以危害结果或危险为前提，因此属于行为犯。除此之外，第 341 条规定的“非法猎捕、杀害珍贵、濒危野生动物罪”“非法收购、运输、出售珍贵濒危野生动物、珍贵、濒危野生动物制品罪”，以及第 344 条规定的“非法采伐、毁坏国家重点保护植物罪”，“非法收购、运输、加工、出售国家重点保护植物、

① 参见曾粤兴、李霞：《比较视野中的交通过失犯罪——以过失危险犯为切入点》，载《昆明理工大学学报（社会科学版）》2012 年第 2 期。

国家重点保护植物制品罪”都属于行为犯。即使是对于污染环境罪而言，《关于办理环境污染刑事案件适用法律若干问题的解释》中指出，“严重污染环境”也包括“在饮用水水源一级保护区、自然保护区核心区排放、倾倒、处置有放射性的废物、含传染病病原体的废物、有毒物质的”“私设暗管或者利用渗井、渗坑、裂隙、溶洞等排放、倾倒、处置有放射性的废物、含传染病病原体的废物、有毒物质的”，等等，本书认为，这些具体司法解释条文也说明了污染环境罪也开始出现行为犯的情况。由此看来，刑法中的环境犯罪（包括污染环境罪的几种情形）已经包括了行为犯，如前文所述，行为犯“以法定犯罪行为的完成作为既遂标志”，而危险犯以“危害行为造成法律规定的发生某种危害结果的危险状态作为既遂标志”，对于同一种罪名而言，危险犯的入罪门槛要高于行为犯。从刑法的人权保障机能而言，作为对犯罪成立要求较低的行为犯既然可以在环境犯罪甚至污染环境罪中存在，那么，对犯罪成立要求比行为犯更高的危险犯显然更有理由在环境犯罪中存在。因此，污染环境罪危险犯的设立，在刑法理论上有理有据，符合环境犯罪立法逻辑。

其次，设立污染环境罪危险犯符合刑法谦抑性原则。通常认为，刑法的谦抑性不应当过多地干预社会生活，但也并不否定刑法手段的必要性，即对于那些具有严重社会危害性、负面影响重大的行为，必须适用刑法予以严厉制裁。通过前文分析可知，环境污染犯罪是在1997年刑法中才出现的一类犯罪，并且以“重大环境污染事故罪”沿用至刑法修正案（八）正式出台之前。这种立法状况也正是考虑到当时我国正处于以经济发展为核心的重要阶段，在发展经济与保护环境二者之间，环境刑事立法更多地考虑了经济发展，对于重大环境污染事故罪的设立，也明确必须造成“重大环境污染事故，致使公私财产遭受重大损失或者人身伤亡的严重后果”时才成立犯罪，而且刑罚的设置也相对较轻。但在当今我国环境污染状况极其恶劣，人们的生活受到了重大影响的背景下，某些环境污染行为的严重社会危害性已经毋庸置疑，普通民众的环保意识也逐步得到提高，严厉打击环境污染事件的必要性越来越明显。为了保护人类唯一的生存空间，更有效地预防和打击严重环境污染事件已经势在必行。因此，污染环境罪危险犯的设立，是环境刑事立法的现实所需，是顺应社会发展的必然产物。正如学者所言，我国刑法应当具有前瞻性和社会适应性，在世界许多国家的环境刑事政策已由事后预防、消极惩罚转向事前预防、积极惩罚的立法背景下，在我国刑法中规定环境犯罪的危险犯也在法理之中，符合刑法应干预社会影响广泛、侵犯法益重大的案件的要求。①

值得一提的是，有学者建议将污染环境罪由结果犯修改为行为犯，以便从严惩治污染环境犯罪。② 我们认为，前文提到的《关于办理环境污染刑事案件适用法律若干问题的解释》中关于“严重污染环境”的解释中确实存在行为犯的规定，但这只是污染环境罪中的个别情况，是为适应当前出现的新型环境污染方式所作出的应对。除此之外的“严重污染环境”的情形实际上都是结果犯，此处探讨的“修改为行为犯”应当是仅针对这些结果犯情形而言，不包括《关于办理环境污染刑事案件适用法律若干问题的解释》中的行为犯规定。对于这些结果犯而言，一旦将其修改为行为犯，意味着污染环境的行为一经实施，无须考虑行为的严重程度，就可以对行为人定罪量刑，此举确实可以起到从严惩治污染环境犯罪的良好效果。但是，司法实践中，污染环境罪的实施主体主要是企业，通常是由企业在发展生产过程中，考虑到对经济利益的追求而无视可能给环境造成的污染，即环境污染通常是伴随着经济发展而附带产生。一旦将污染环境罪设置为行为犯，虽然会减少企业污染环境的行为发生，但由于入罪门槛太低，企业稍微不慎可能就会“惹祸上身”，为避免刑

---

① 蒋兰香：《环境犯罪基本理论研究》，知识产权出版社 2008 年版。

② 龙燕：《惩治破坏环境资源犯罪立法问题刍议——兼评〈刑法修正案（八）〉及其相关司法解释》，载《人民论坛》2013 年第 23 期，第 147 页。

罚，企业很有可能在生产中畏手畏脚，甚至停滞不前，最终必将严重阻碍经济发展。因此，将本属于结果犯的污染环境罪犯罪情形修改为行为犯，可能造成矫枉过正，违背可持续发展的初衷。

最后，国外一些相关立法经验可供借鉴。基于环境犯罪危害后果严重性、不可补救性和重大危险性，对某些具体环境犯罪不以是否出现危害结果作为构成要件也是必要的，惩治环境危险犯已成为世界各国环境刑事立法的一种趋势。[①] 在国际社会中，存在环境犯罪危险犯立法的国家，主要是在环境保护特别法中或直接在刑法典中规定污染环境罪的危险犯。例如，日本《公害犯罪制裁法》第 2 条规定："由于工业或企业的业务活动排放有害于人体健康的物质（包括那些在人体中累积或其他作用会危害人体健康的物质）致使公众的生命和健康产生危险的，处 3 年以上监禁或 3 百万日元以下罚金。"[②] 德国《刑法典》第 325 条第一款规定：违背行政法义务，在设备、尤其是工场或机器的运转过程中，造成空气的改变，足以危害设备范围之外的人、动物、植物健康或其他贵重物品的，处 5 年以下自由刑或罚金刑。犯本罪未遂的，亦应处罚。俄罗斯联邦《刑事法典》第 247 条"违反有害物质与废料的生态性转化处理法规"第一款规定：生产禁止的有害种类废料，运输、存储、掩埋、使用或者通过其他方式转化处理具有放射性、细菌性、化学性的物质或废料违反相关的法律规定，如果上述行为具有对人体健康造成伤害或对周边环境构成严重损害的危险的，应当判处……丹麦《刑法典》第 196 条规定：违反环境管理法规，任何人实施下列行为，处 4 年以下监禁：（一）污染空气、水体、泥土或地底，引起重大环境损害，或重大环境损害的直接危险；或者（二）贮存或抛弃废物及相似的物质，因而引起重大环境损害，或重大环境损害的直

---

① 参见赵秉志、王秀梅、杜澎：《环境犯罪比较研究》，法律出版社 2004 年版。

② 杨春洗、向泽选、刘生荣：《危害环境罪的理论与实务》，高等教育出版社 1999 年版。

接危险。仔细翻阅国外的环境刑事立法可以发现，其中不仅规定了危险犯，同时也规定了结果犯。我国在环境污染刑事立法中确立危险犯时，显然可以很好地借鉴国外相关立法，从而完善我国环境刑事立法规范，有效应对当前环境污染状况的严峻形势。

三、严格责任与危险犯的关系

环境犯罪危险犯的设立，是通过完善结果犯对于环境犯罪必须造成严重危害后果的强制性要求，旨在对生态环境形成更好的保护。危险犯与严格责任在环境犯罪中适用的目的相同，二者在某些方面具有共性。

（一）二者均降低了环境犯罪的入罪标准

严格责任作为新型归责原则，改变了传统刑事归责原则要求公诉机关必须证明被告人主观存在过错继而才能够对被告人定罪量刑的入罪模式，通过采取推定的方式，以犯罪客观事实为依据直接推定被告人存在主观过错，同时赋予被告人无过错辩护权。严格责任的适用，使得我国刑法规定的犯罪构成四要件中的主观方面的成立标准大大降低，不需要公诉机关证明主观要件，对于犯罪行为的入罪更加简单。以企业实施的污染环境犯罪为例，实践中只需要公诉机关能够证明犯罪主体即环境污染企业实施了具体的环境污染行为，并且在客观上达到了法定的入罪要求，公诉机关就完成了举证责任，推定企业存在主观罪过，法院可以依法判定该企业构成污染环境罪。只有当污染企业能够证明自己不存在故意实施污染行为的主观过错，或已经尽了合理注意义务但仍然没有防止污染行为的发生，或其实施的污染行为属于法律允许的合法排污范围内等出罪事由时，法院才能够认定污染企业主观上不存在故意或过失，该污染行为才能够不被认定为构成犯罪。

与严格责任是从主观方面降低入罪标准不同，危险犯则是从犯罪的既遂标准上降低了入罪标准。传统环境犯罪司法理念在环境犯罪的保护法益上以人类中心主义为主要价值取向，即强调环境犯罪是因为侵犯了人类自身利益因而需要受到刑事制裁，在环境犯罪的成立上也以环境危害行为是否造成了“致使公私财产遭受重大损失或者人身伤亡的严重后果”等重大环境污染事故为认定犯罪既遂的标准。人类中心主义完全以人类自身利益为本位，无法体现出刑法对于生态环境的保护，当行为虽然严重威胁了生态环境的安全，但尚未对人类利益造成侵害时，仍然不能进行刑事制裁，显然对于生态环境的保护不利。因此，现代刑事立法抛弃了传统人类中心主义的做法，以生态中心主义为本位，强调惩治环境犯罪是为了保护生态环境本身。在刑事立法上主要体现在环境犯罪的既遂标准上，现代刑事立法改变了传统环境犯罪结果犯的立法状态，犯罪的既遂不需要达到致使公私财产遭受重大损失或者人身伤亡的严重后果，而是行为只要“严重污染环境”即可，体现出对环境自身的保护。危险犯的引入，就是改变结果犯对于犯罪结果的法定要求，在环境犯罪中，只需要环境犯罪行为具有引起发生环境重大污染事件的具体可能性，严重威胁到生态环境，就成立犯罪既遂。与传统结果犯相比，危险犯大大降低了环境犯罪入罪标准，使得环境污染行为犯罪化的可能性提高，与严格责任的适用具有相同的立法功效。

（二）二者都是以保护生态环境为出发点

严格责任原则作为英美法系刑法中的“舶来品”，在大陆法系部分国家也得到了较为普遍的适用。综观严格责任在域外刑事司法领域的适用，总体而言主要是基于社会公共利益的考虑。例如，在英国刑法中，根据立法目的可以决定某些具有公共危害性的行为被视为严格责任犯罪。适用严格责任的理由，也主要是严格责任有利于保护公共利益，且可以节约司法成本。[①] 英美法律中的生态环保立法如英国的《水污染防治法》《空气清洁法》，美国的《水污染防治法》《废料法》等都规定了严格责任犯罪。

① 参见袁益波：《英国刑法的犯罪论纲》，知识产权出版社 2007 年版，第 111 ~ 113 页。

在日本和法国，严格责任也被适用于环保法中，如日本的《矿业法》《大气污染防治法》，法国的《农业法》等，此外，严格责任在日本的诸多公害犯罪领域得到了适用。我国现代环境犯罪刑事立法以环境权为本位，强调对生态环境的保护，本书主张在环境犯罪适用严格责任是基于我国当前存在的严峻环境污染状况和治理生态环境的紧迫性的考量，但从根本上讲，环境犯罪适用严格责任的出发点，是基于对生态环境自身的考虑，是为了对环境法益形成有效保护。

环境犯罪危险犯的引入，在司法适用上能够降低环境犯罪的入罪门槛，但其最终目的并非为了从严打击环境犯罪，而在于保护生态环境。本书赞同危险犯存在的主要意义，是为了将犯罪行为制止于实行过程中且在危害结果发生之前。危险犯与结果犯的本质区别，就在于犯罪行为是否导致了实害结果的发生。危险是造成结果的现实可能性，并不等同于结果本身。[①] 刑法修正案（八）出台之前，我国刑法关于重大环境污染事故罪的刑事立法属于结果犯，即构成重大环境污染事故罪必须达到“致使公私财产遭受重大损失或者人身伤亡的严重后果”这一危害结果，犯罪行为所侵害的主要法益是人类的合法权益，包括公私财产所有权和人的生命健康权，而生态环境权没有受到应有的重视。这种立法模式的弊端是，司法实践中将导致法律对生态环境保护的不足。从前文提及的近些年来我国已发生的多起重大环境污染事故罪可以看出，这些重大环境污染事故无不给生态环境造成了严重的污染，而修复受损的生态环境往往需要付出巨大的时间成本和经济成本，甚至一些生态环境遭受破坏后无法恢复原状，在这种情况下，遭受严重污染的生态环境给人类生产和生活带来的恶劣影响将会变得尤为长久。因此，环境犯罪结果犯的刑事立法不能对生态环境形成有效保护，从长远利益看也不足以起到对人类自身的保护。环境犯罪危险犯则可以改变结果犯对于犯罪结果的

---

① 参见陈兴良主编：《刑法总论精释》，人民法院出版社2016年版，第197页。

法定要求，只要环境犯罪行为具有导致危害结果发生的现实可能性就成立犯罪既遂，而不需要等到实害结果发生后才能够进行刑事制裁。因此，危险犯在环境犯罪中的适用，在环境犯罪危害结果发生之前就及时通过刑事手段予以严厉制裁，避免危害结果的发生，从本质上看是以环境权为本位对生态环境的有效保护。

第三节 严格责任与疫学因果关系

所谓疫学，又称为流行病学、传染病学，是研究疾病的流行、群体发病的原因与特征以及预防对策的医学分支学科。环境犯罪中的疫学因果关系理论是指，使用临床医学和病理学方法不能证明因果关系时，如果按照公众卫生学的统计方法，进行大量调查，证明行为人所排出的有害物质与附近居民健康受害间存在高度盖然性时，则可以判断行为与结果之间存在因果关系，行为人应对自己的排放有害物质行为承担刑事责任。[①] 与我国刑法所适用的传统因果关系理论以“排除其他可能性”的标准不同，疫学因果关系在对犯罪行为与结果的因果关系认定上采取“高度盖然性”的标准，理论界通常被认为可以在环境犯罪中适用。

一、疫学因果关系适用于环境犯罪的现状

与普通犯罪相比，环境犯罪通常表现出的隐蔽性、复杂性、高科技性等特点，使得传统刑法因果关系理论无法有效地查明环境犯罪行为与污染结果之间的因果关系。在此背景下，民事环境侵权因果关系理论的相关研究被引入刑法学理论中，继而出现了疫学因果关系理论等新的刑法因果关系理论。疫学因果关系在刑事诉讼中的适用，尽管不能完全弄清从某种条件直至结果发生的因果经过，但利用统计学方法在与对比群体的比较中，同样存在

---

① 参见刘彩灵、李亚红：《环境刑法的理论与实践》，中国环境出版社 2012 年版，第 49 页。

认定一定的事实现象与侵害结果之间高度联系的情况。[①] 疫学因果关系根据流行病学原理，利用统计学方法反映对象因子的变化规律并辅之以动物实验加以对比分析，若达到预设的医学标准，就能够确认先前假定的某种因子与疾病之间存在因果关系，疫学因果关系也是一种科学的因果关系。[②]

在环境污染案件中，通常表现出污染行为往往对某一地区甚至地域范围内造成严重的危害后果，被害对象具有广泛性和受害特征的相似性。疫学因果关系的特殊性主要体现在证明标准上，只要证明被污染的共同被害对象与污染行为的因果关系很可能存在，就可以据此推定个别因果关系也成立。与传统因果关系证明的不同之处就在于，疫学因果关系在证明中不需要对个别具体的被害对象与侵害行为之间的因果关系进行证明，只需要从总体上证明共同被害对象与行为存在因果关系即可，在此情况下，不再需要对个别因果关系进行证明，而是通过共同因果关系的证明来推定个别因果关系的成立，使得在证明标准上变得更加容易。

将疫学因果关系理论运用于环境犯罪的立法和司法中，主要以日本为典型代表。日本的《公害罪法》第5条规定："如果某人在企业事业单位里伴随生产活动而排放了危害人体健康的物质，而且仅仅由于该排放量就足以达到对公众的身体甚至生命产生危害的程度，并且在因这种排放所产生的这种危害的地区内是由同一种物质而给公众的身体乃至生命带来危害时，即可推定这种危害就是由于该人所排的物质造成的。"[③] 司法实践中，新潟水俣病事件是疫学因果关系在日本适用的典型代表。该案件是由于阿贺野川上游的昭和电气工业公司鹿濑工厂向阿贺野川排放的废弃物中所含有的有机汞污染了下游的鱼类，致使以在此处捕捞

① 参见［日］佐久间修：《刑法总论》，成文堂2009年版，第107页。

② 参见李希慧、董文辉、李冠煜：《环境犯罪研究》，知识产权出版社2013年版，第89页。

③ ［日］藤木英雄：《公害犯罪》，丛选功等译，中国政法大学出版社1992年版，第54页。

的河鱼为常食的渔民患了水俣病，从而造成了水俣病事件。关于阿贺野川下游渔民发生了水俣病这一事件，是否果真就是由于昭和电气工业公司鹿濑工厂的废液造成的，裁判所断定该公司就是污染源，并认为是没有必要完全从自然科学的角度上去一一证明有机汞是以什么样的方法和通过什么途径混到废液中去的，以及它是通过什么途径污染了鱼类等科学机理，而是根据情节证据推定公司就是污染源，如果拿不出足以推翻这种推定的反证来，那就可以断定为因果关系。①

我国刑事立法和司法实践中，疫学因果关系还没有得到认可和适用，但在刑法理论界关于该理论的探讨由来已久。本书认为，疫学因果关系较之于传统因果关系理论而言，在认定因果关系的问题上采取了推定的方式，通过高度盖然性的标准来认定因果关系的存在，比传统刑法因果关系必须达到的因果关系认定标准相对较低。正因如此，基于对被告人合法权利的保障，疫学因果关系不应当在刑事领域得到广泛适用，只能基于对社会公共利益的保护考虑，严格限制在环境犯罪等保护社会公共利益的"公害犯罪"中。

二、疫学因果关系适用于环境犯罪的主要依据

本书关于污染型环境犯罪所具有的特殊性表明，依据传统刑法因果关系往往很难认定此类犯罪的因果关系问题，继而无法对相关犯罪行为进行刑事归责。疫学因果关系所体现出的优越性，使得其在此类环境犯罪中能够很好地解决环境犯罪因果关系认定困难的问题。

（一）环境犯罪因果关系的复杂性难以适用传统因果关系理论

因果关系的认定是犯罪构成客观要件的重要内容，在不同的

---

① 参见［日］藤木英雄：《公害犯罪》，丛选功等译，中国政法大学出版社1992年版，第41～42页。

刑事案件中，因果关系问题也存在很大的差别。在普通的犯罪中，行为与结果往往表现的比较简单，因果关系的认定一般不存在太大问题。即便是存在介入因素导致一因多果或一果多因的情况，依据我国刑法理论所确定的相当因果关系等学说也能够判定因果关系的成立。但是在环境犯罪因果关系的认定中，传统刑法因果关系可能会难以适用。这是由环境犯罪的一些自身特点所决定的：一是污染条件的复杂性。环境犯罪的发生原因往往复杂多样，犯罪结果的产生可能是在复杂条件下基于多种因素共同作用的结果。环境犯罪污染行为一般不直接导致污染结果的发生，而是通过污染物与自然界的不特定环境要素发生各种作用后，经过一定的物理转化、化学病变和扩散、生物降解和累积等方式，最终复杂性地导致了危害结果的发生。而且，不同犯罪主体所实施的污染行为可能造成同样的污染后果，相同污染行为在不同的环境因素影响下尤其是其他介入因素的作用下所造成的污染后果也可能存在差异。这就使得污染后果的确定上存在困难，污染行为与犯罪结果的因果关系的认定变得非常复杂。二是污染具有周期性。与传统犯罪行为与发生危害结果之间的即时性不同，环境污染行为与发生环境污染后果之间往往需要经历较长的周期，结果发生的迟缓。而且，这种结果出现的快慢不取决于环境污染行为的速度，而取决于环境自身的自净和承受能力，当环境自身无法负荷时，才会产生具体的危害结果。因此，污染行为与危害结果之间的因果关系由于时间上的间隔而难以确认。[①]

由于环境自身存在的特殊性，在因果关系的发展过程中会介入生物、物理、化学等诸多方面的因素，而且这些外界因素的介入通常不是单独地影响犯罪结果，而是很容易相互作用，不同程度地影响犯罪结果的发生。因此，某一危害结果往往可能由多个危害行为共同造成，每一个危害行为往往单独又不能被认定为导致危害结果的直接原因。甚至有些环境污染行为是法律允许范围

① 杜澎：《破坏环境资源犯罪研究》，中国方正出版社 2000 年版，第 67 页。

内的合法排污行为，但由于多种排污行为的共同作用造成污染结果的发生，这些污染行为共同对结果的发生产生了直接的促进作用。以云南阳宗海砷污染事件为例，调查发现有三家企业涉嫌砷排放污染，但最终法院认定其中排放砷污染最大的云南省锦业公司是此次环境污染犯罪的污染源，是考虑到其他两家企业关于砷污染的排放量规模小，不足以造成阳宗海砷污染现状。但是，我们不能完全断定云南省锦业公司之外的两家企业在此次砷污染事件中没有发挥任何作用。[①] 实际上，多种元素在环境污染事件中可能发生的反应及给结果带来的影响力，依据传统的因果关系理论也无法予以确认。依据传统刑法因果关系理论，在污染型环境犯罪因果关系的认定中就可能非常棘手，一些本应当作为犯罪予以刑事处罚的污染行为由于因果关系认定上存在困难，达不到刑事入罪的客观要求标准，而只能以行政处罚取而代之。

（二）传统因果关系理论在环境犯罪的因果关系证明中难以适用

在民事诉讼中，因果关系的认定主要依据谁主张谁举证原则，一般由主张民事权利的原告方亲自搜集证据并证明被告的行为侵犯了原告的合法权利，被告在此过程中不承担举证责任。在普通的刑事诉讼中，由公诉机关代表国家行使公诉权，并根据案件需要可以对犯罪嫌疑人进行拘留和逮捕，进行审讯、查封扣押必要的证据，搜集犯罪证据，依法承担举证责任。犯罪嫌疑人在此过程中不承担举证责任，但享有无罪或罪轻的辩护权。因此，在普通的刑事案件中，国家处于优势地位，依法享有调查取证的权力，并依靠强制力对犯罪嫌疑人进行控制。在对犯罪嫌疑人进行定罪量刑时，公权力承担着证明犯罪嫌疑人有罪的重大责任，相反，当公权力的实施无法证明犯罪嫌疑人有罪或排除合理怀疑时，就不得对犯罪嫌疑人进行刑事制裁。

---

① 参见曾粤兴、李霞：《环境犯罪因果关系的特殊性》，载《中国人民公安大学学报（社会科学版）》2012 年第 5 期。

但是在环境犯罪中，传统因果关系理论的适用往往不会一帆风顺。公权力在环境犯罪中当然可以同样适用，包括动用强制手段在犯罪企业内部实施侦查行为，对相关责任人进行审讯等。但这种方式能否获得与其他犯罪那样的司法效果则难以确定，尤其是在犯罪行为涉及多领域的新科技问题时，司法机关并不掌握犯罪事实中所涉及的专业性问题，对于犯罪结果发生的机理无法弄清楚。只有涉案企业完全了解和掌握从犯罪行为实施到结果的发生这一过程中的所有专业知识。通过传统因果关系理论，司法机关根本无法证明犯罪行为与危害结果之间的因果关系问题。

在这种情况下，企业给一般公众带来灾害之类的案件，尤其是当这个企业排他性地独占了科学技术上的知识，掌握着犯罪证明的关键之类的案件，即便是拥有强大搜查权的国家，对企业来说，也不好说就是强者。在类似公害犯罪中至少应该在关于企业排他性的垄断这门知识的科学技术问题上，国家方面为了定它们有罪，在举证责任的程度上最好能有一条与一般原则不同的规定。当国家方面认定了就是由于某个企业活动的结果引起了某种灾害，已经通过流行病学的证明证实了这一点的话，如果垄断了科学知识的企业一方，提不出适当的反驳和举不出适当的反证来，在这种情况下就可以断定该企业为加害者。①

三、严格责任与疫学因果关系的关系

与严格责任一样，疫学因果关系理论对于我国传统刑法理论而言都是新鲜事物，但二者都是在社会经济发展中刑事司法实践所面临的困难情况下的有效解决路径，是新时期刑法理论发展过程中需要探索和解决的问题。在当今我国生态环保力度受到高度重视，但依据传统刑法理论入罪比较困难的情况下，二者在我国

① 参见［日］藤木英雄：《公害犯罪》，丛选功等译，中国政法大学出版社1992年版，第53页。

环境刑法当中都具有相当的重要性。

（一）二者分别从主客观要件对我国犯罪构成进行了有效补充

根据我国刑法的规定，行为构成犯罪必须满足犯罪构成四要件，其中，犯罪主观方面和客观方面的内容，是司法实践中司法机关在证明中往往比较困难的内容。主观方面的证明通常包括证明行为人的主观故意和过失，这就要求司法机关对行为人主观过错承担举证责任。但是根据前文所述，在一些环境犯罪中，由于环境犯罪本身所具有的专业和复杂特性，司法机关往往无法依据传统过错责任原则证明行为人主观过错。根据严格责任原则，则采取推定的方式推定行为人存在主观过错，除非行为人能够证明自己不存在过错，否则就需要承担败诉的后果。严格责任的适用是基于传统过错责任原则无法有效适用于环境犯罪时的有效解决方法，通过适用严格责任原则旨在减轻过错责任原则所规定的司法机关承担的主观举证责任，相对加重了行为人的负担，体现了在犯罪客观要件的证明上对我国传统过错责任原则的有效补充。

疫学因果关系采用的是疫学上的因果认识方法，即便不能从医学、药理学等法则去证明某因子与疾病之间的因果关系，但是根据统计和观察，能够认定某因子与疾病之间具有高度盖然性时，即可以确定二者具有因果关系。疫学因果关系需要满足的几个条件是：（1）该因子属于在发病前的一定期间发生作用的因子；（2）该因子作用的程度越显著，则该病患者的比例越高；（3）根据该因子的发生、扩大所做的医学观察记录，能够说明流行特点；（4）该因子作为原因而起作用的机制与生物学不发生矛盾。[①] 疫学因果关系采取高度盖然性的判断标准来认定因果关系的存在，与传统刑法因果关系存在重大差异。依据我国传统刑法因果关系理论，必须坚持危害行为或危害行为与介入因素都

---

① 参见［日］野村稔：《刑法总论》，全理其、何力译，法律出版社2001年版，第142页。

能够“合乎规律”地引起危害结果的发生，并且通过科学经验进行证明。但是在环境犯罪中如果坚持通过科学经验证明存在因果关系的整个环境犯罪过程，由于环境犯罪自身的一些特性是往往难以实现，必然使得因果关系的证明陷入困难。借鉴疫学因果关系理论，能够有效解决这一困惑，为我国传统因果关系理论提供了有效补充。

（二）二者都是刑法功利价值观的体现

关于严格责任能否适用于刑事司法领域，一直以来就存在着不同观点。否定论者主要认为，严格责任不要求公诉机关证明被告人的主观过错，实际上属于客观归责，与我国刑法主客观相统一原则相背离。而且严格责任一味追求司法效率而忽视了对被告人合法权益的保障，有违刑事司法的公平公正。肯定论者主要认为，严格责任能够有效弥补传统过错责任原则的不足，尤其是在环境犯罪这些主观罪过难以证明的犯罪中，传统过错责任原则无法适用，不利于惩治犯罪。而严格责任则可以解决这一难题，对提高司法效率、节约司法成本都具有重要意义。本书认为，严格责任适用于刑事领域是对传统过错责任原则的补充，是刑法功利价值观的体现。与传统过错责任原则相比，严格责任原则降低了公诉机关的举证责任，确实对被告人存在不利的情况。但是，在功利主义刑法价值下基于对社会公共利益的保护，严格责任的适用也具有现实的必要性。正如英国功利主义思想家边沁认为：“惩罚必然使受惩罚者感受某种痛苦，因而它本身是一种恶。但是，只要惩罚所要排除的犯罪之恶大于惩罚之恶，惩罚就是善的。因此，刑事立法者所要做的，就是认识和比较犯罪之恶与惩罚之恶的轻重，从必要、有效的惩罚来获取制止犯罪的效果，并辅之以符合功利观念的其他预防犯罪策略。”[①]

疫学因果关系同样如此。关于疫学因果关系能否适用于刑事

---

① 马克昌：《近代西方刑法学说史》，中国人民公安大学出版社 2008 年版，第 75～76 页。

领域，不仅在我国理论界存在争议，即便是在其最早适用的大陆法系国家，也存在不同的观点。例如，日本学者西田典之在谈到行病学的因果关系时指出，流行病学的因果关系采取的是“存疑则罚”的考虑，而刑法上的因果关系必须是“存疑则不罚”，因此，不能因为存在流行病学的因果关系便肯定存在刑法上的条件关系，不允许将流行病学的因果关系的证明用于证明刑法上的条件关系。[①] 但日本学者町野朔等人则认为，刑法上的因果关系与科学上的因果关系不是一回事，科学上的因果法则只不过是认定刑法上的因果法则的经验规则；为了认定刑法上的因果关系，不仅要利用病理学、生物学，而且要利用疫学（流行病学）。[②] 将疫学因果关系理论适用于环境犯罪因果关系的认定中，是传统因果关系理论在认定环境犯罪因果关系时存在重大障碍时的例外，其目的是顺利惩治环境犯罪，实现刑法的社会保护机能，是刑法功利价值观的具体体现。

---

① 参见［日］西田典之：《日本刑法总论》，王昭武、刘明祥译，法律出版社2013 年版，第 79 页。

② 参见谢治东：《“疫学因果关系”与我国刑法理论的借鉴》，载《湖北社会科学》2005 年第 5 期。

第五章　我国环境犯罪应否适用严格责任原则的理论分析

通过前文分析可知，环境犯罪中适用严格责任不仅是英美法系国家长久以来的普遍做法，即便是在对严格责任持完全否定态度的大陆法系国家，也已经开始重视在环境犯罪中适用严格责任原则。在环境污染状况日益恶化的今天，我国环境犯罪应否引入严格责任，已逐渐引起我国刑法学界的关注。

第一节　环境犯罪适用严格责任原则的理论争鸣

与传统归责原则相比，严格责任在打击环境犯罪上的优越性，使得我国越来越多的学者开始主张在我国环境犯罪中引入严格责任原则。与此同时，主客观相统一原则对于犯罪成立的必要性，以及环境污染兼具利弊的特点等问题，使得一些学者对于在我国环境犯罪中引入严格责任原则持否定态度。

一、否定说

反对严格责任适用于我国环境犯罪的学者主要存在以下几种理由：

第一，严格责任违背了我国刑法主客观相统一的基本原则。在我国刑法当中，主客观相统一原则意味着犯罪必须同时具备主观和客观要件事实。如果只有客观危害事实而缺乏行为人的主观罪过，则无法追究行为人的刑事责任，否则就是客观归责。所谓主客观相统一，就是要求行为人所实施的犯罪行为必须是在其主观意志支配下实施的，行为的客观外在表现与行为人的主观意志相符合，主客观之间有因果关系。主客观相统一原则的意义在于其排除了仅依据客观事实的客观归责和法官的主观擅断。严格责任原则与我国刑法规定的罪过责任原则存在着重大的差异，在犯罪构成上也存在着明显的不同。从本质上讲，严格责任仍然是客观归罪。主客观相统一原则在一定程度上体现了刑法所具有的价值取向，即主客观相统一可以限制国家刑罚权，从而更好地保护人权。相反，严格责任的适用则会导致刑罚的过度扩张，从而可能侵犯人权。①

第二，严格责任的适用可能阻碍经济的发展。与普通犯罪不同，环境问题往往是伴随着经济的发展而出现的，因环境问题而发生的民事侵权行为或违法犯罪行为，在大多数情况下都是附随着人类生产、生活过程中而产生的侵害行为，其本身就具有双重属性。一方面，环境违法或犯罪行为确实对个人或公众的生命健康或公私财产造成了一定的损害或威胁，需要法律予以惩处；另一方面，环境违法或犯罪行为往往与经济发展密不可分，过分打击这类违法犯罪行为在一定程度上对于经济的发展会有严重的负面影响。因此，环境问题的解决也必须要考虑到经济的发展问题。导致环境犯罪的事实本身经常是一些促进社会进步的生产活动，如果对于环境犯罪的防治不当就可能阻碍社会工业化的进程。特别是人类对于自然资源的利用，在经济的发展中对于自然造成的危害通常是不可避免的，是发展经济的同时必然付出的代价。从经济性角度而言，环境侵害行为构成犯罪时就必须具有严重的社会危害性，而且必须是在民事和行政手段均无法遏制的情况下不得已才动用刑罚。对于环境犯罪的惩治必须审慎，应当在经济的发展和对于环境的保护之间找到平衡点，既不能放纵环境

① 吴峻：《英美刑法规则与判例》，中国检察出版社 2005 年版，第 122 ~123 页。

危害行为，但同时也不能因为打击环境犯罪而过于限制经济的发展。① 严格责任的适用，在降低公诉机关举证责任的同时，也给可能造成环境危害的生产企业施加了巨大的压力。虽然刑罚对环境资源的保护确实具有重要独特的作用，但刑罚应讲求效益性。对证明不了罪过的环境行为人处以刑罚，不仅会给刑罚的威慑力带来消极影响，而且还会给公司、企业等经济主体带来诉讼之累，不利于国家的经济建设。②

第三，刑罚并非是遏制环境危害行为的最佳选择。环境犯罪的成立，通常情况下都是以行为违反某一环保行政法律、法规为前提。在确定某一危害环境行为是否构成环境犯罪时，首先应当确定该行为有没有违反某一特定的环保法律、法规，然后再确认该环境违法行为是否侵害了环境犯罪所保护的法益。行为人违反环保法律、法规而造成了环境危害后果的，一般在主观上都是出于故意或过失。如果行为人主观上并没有故意或过失，而是在开发利用自然资源过程中，或是在企业正常的生产过程中因为技术水平的限制等原因而造成了环境危害后果，此时应属于无意识的行为，缺乏刑事归责的主观要件，若依据严格责任追究行为人的刑事责任则完全达不到刑罚的教育和改造目的，因此不应当追究行为人的刑事责任，甚至可能不应当要求行为人承担行政责任。刑罚只有对有罪过的行为人才能真正发挥应有的目的功能，也才能对潜在的犯罪人的行为产生影响。我国在惩治环境违法行为中，一直都是以民事和行政手段为主，若引入严格责任将会对我国当前较为完善的环保法律体系产生影响。③ 环境问题所具有的长期性、不可逆转性等特点，要求我们对于环境的保护不应当局

---

① 侯艳芳：《我国环境犯罪惩治中严格责任制度之否定研究》，载《河南大学学报（社会科学版）》2010 年第 4 期。

② 马荣春：《刑法诸问题的新界说》，中国检察出版社 2007 年版，第 327 ~ 328 页。

③ 欧阳澍、杨开湘：《严格责任原则在环境刑法中的应用》，载《求索》2007 年第 9 期。

限于在问题发生后，依赖严格责任对行为人追究刑事责任，而是应当更注重如何落实环境预防措施，将“环境影响评价制度”“三同时制度”等有效制度切实予以执行，实现环保由末端治理向源头治理转变。[①] 制约着我们对环境犯罪有效追诉的首要原因并非控方难以证明行为人对污染和破坏环境的结果的主观罪过，而是有法不依、有令不行、有禁不止、有罪不罚及其背后的各种利益追求。如果刑法在责任主义原则之外对环境犯罪适用严格责任，在当下的中国显然属于中看不中用的立法奢侈品。[②]

除此之外，严格责任一味追求诉讼效率，而忽视了对于被告人人权的保障，丧失了法律的公平，因此是得不偿失的；严格责任在英美国家的形成和发展是法官造法的过程，如果在我国环境犯罪中适用严格责任，则需要法官根据实际情况对法律的公平和功利进行考量并作出判断，无形中扩大了法官的自由裁量权，这与我国的刑事司法理念相冲突；严格责任在英美法系国家都是适用于一些轻罪或违警罪，而这些罪在我国基本都只是行政处罚，我国刑罚的严厉性决定了不应当适用严格责任；等等。这些观点和理由都纷纷对严格责任能否适用于我国环境犯罪提出质疑。

二、肯定说

与此同时，我国近年来重大环境污染事件的严重性和入罪上的困难，使得严格责任的引入成为一部分刑法学者探索解决环境犯罪证明问题的重要路径之一。总体上看，支持者的观点主要表现在以下几个方面：

首先，严格责任的适用可以提高司法效率，节约司法成本。在环境犯罪的司法实践中，当前面临的最大困难就是举证证明环

---

① 邓文莉：《我国环境刑法中不宜适用严格责任原则》，载《法商研究》2003年第2期。

② 梁根林：《中国的环境刑法与环境犯罪》；中国人民大学刑事法律科学研究中心编：《刑事法热点问题的国际视野》，北京大学出版社2010年版，第65页。

境污染犯罪的成立，其中最为困难的则属于检察机关证明环境污染犯罪的主观方面。通常情况下，当环境犯罪的危害结果发生时，相应的污染犯罪行为已经发生很久，这与污染环境犯罪的特点密不可分，一般的环境污染都具有一定的潜伏期，即污染行为的实施与污染后果的出现会间隔很长时间。而且环境污染具有一定的专业性质，往往涉及一些高科技，由此造成的污染后果对于不具有专业知识的检察机关来说根本无法弄清楚。这种情况下，一味地遵循传统的罪过责任原则，要求公诉方承担所有的举证责任，必将使很多严重的污染环境犯罪逃避刑法的制裁，对社会公共利益的保护成为一句空话，法律的威严更是形同虚设。而实施污染行为的污染主体对其所从事的专业领域比较了解，适用严格责任由污染主体对其不存在主观过错进行证明则更为合理。[①] 由此一来，在诉讼过程中公诉机关便无须举证证明被告人的主观过错，有利于诉讼的顺利进行，不仅提高了司法效率，节约了司法成本，而且对于环境犯罪的惩治也起到了极大的促进作用。

其次，严格责任可以弥补传统过错责任的不足。污染环境罪的主观方面是控诉方比较难以证明的，依据现行法律则很可能因为无法证明污染环境行为人的主观心态而造成放纵此类犯罪。这样必然不利于打击和预防环境犯罪，并且不利于保护公众的权利和社会秩序。因此，传统过错责任原则在惩治污染环境犯罪中显现出了明显的不足。严格责任则可以很好地解决这一问题，当行为人造成了一定的环境危害后果时，而检察机关又无法明确证明行为人的罪过特征的情况下，适用严格责任可以对行为人定罪处罚，同时，严格责任也赋予了行为人辩护权，行为人完全可以以其主观上不存在过错为由进行辩护。严格责任能够在不客观归责的条件下，突破传统罪过责任原则的限制，有效地使得公害行为得以应有的刑罚。由此看来，在公害犯罪日益增多，公共利益日

① 雷鑫:《论环境犯罪适用严格责任的价值》，载《求索》2010 年第 4 期。

益受到严重威胁的现有情况下，严格责任的适用确实有其必要性。①

最后，对污染环境的犯罪实行严格责任是我国社会经济结构转变的要求。严格责任在渊源上属于工业革命的产物，工业社会的发展和先进技术的运用，使得工业灾害、环境污染及产品瑕疵不断增多，由此而产生了严格责任。我国目前正处于社会经济的变革时期，原有的结构正受到冲击，由此产生的变换不仅会造成经济结构和价值体系重构，也会导致犯罪质量上的变化，环境污染方面的犯罪和工业灾害将是未来危害社会的犯罪现象之一。我国当前也正面临着西方国家在工业化时期曾经遇到的严重的环境问题，作为具有预见性和稳定性的立法应对未来社会的犯罪及相关问题进行规定。对污染环境的犯罪规定严格责任是未来社会刑法的特点和时代发展要求。②

除上述理由外，学者们也普遍认为严格责任的适用具有公正性，为了公共利益的需要，要求环境犯罪主体承担更多的责任是必须的，而且环境污染的严重性也使得行为主体应当注意防止对公众的危害。现代严格责任摒弃了绝对责任的不合理因素，赋予了被告人无过错辩护权，在免除公诉机关举证责任的同时，也保障了被告人的人权，因此也是公正的。因此，现代严格责任在公平与公正之间找到了契合点，从而平衡了社会利益与个人利益之间的冲突关系。总之，较之于传统过错责任而言，严格责任的种种优越性使得赞同在我国环境犯罪适用严格责任原则的支持者也有增加的趋势。

---

① 龙敏：《公害犯罪认定中严格责任适用之探析》，载《内蒙古大学学报（哲学社会科学版）》2011 年第 3 期。

② 杨春洗、向泽选、刘生荣：《危害环境罪的理论与实务》，高等教育出版社 1999 年版，第 166 页。

第二节　我国环境犯罪适用严格责任原则的必要性

不可否认，上述有些反对严格责任原则适用于我国环境犯罪的观点，存在一定的合理性。例如，严格责任原则的适用可能会使企业在生产中畏手畏脚，影响经济的发展；对于环境污染问题的治理也不是仅靠严厉的刑事政策可以解决的。改变我国严峻的环境污染现状，必须依靠政府出台相关环保措施、加大环境治理力度、全民提高环保意识等多领域共同努力。严厉打击环境犯罪行为虽然不能直接解决环境污染问题，但可以发挥刑法的特殊预防和一般预防功能，在一定程度上能够减少环境污染事件的发生。我国环境污染现状的严峻形势以及传统过错责任原则在打击环境犯罪方面所表现出的不足，使得在环境犯罪中适用严格责任原则具有必要性。

一、我国环境污染现状十分严峻

当代社会，环境污染问题已经从某一国家或某一地区的问题，上升到全世界必须共同面对的问题。我国正处于经济的全面发展时期，近年来人民物质生活水平的提升显而易见，但与此同时，经济发展所带来的环境污染问题，已成为极为严峻和迫切需要解决的重大问题之一。

据学者介绍，全世界每年所排放的污水总量有4000多亿吨，造成5万多亿吨的水体被污染，其数量相对于全世界总量的14%以上。在发展中国家，80%的疾病是由于人类饮用了不卫生的水而造成的，每年因饮用被污染的水至少造成全球2000万人死亡。我国作为发展中国家，工业废弃物排放量远高于发达国家，每年90%以上的生活用水和1/3的工业污水未经过处理就直接排放到江河中。在国家有关部门检测的1200多条河流中，有850条河流受到了不同程度的污染。我国城市地下水污染范围高达80%以上，50%的城市地下水水质不符合饮用标准。随着工业生产等带来的空气中二氧化碳等气体总量的增加，全球气候逐渐变暖，地球表面的温室效应也逐年恶化。世界卫生组织对54个国家中的272个城市进行了大气污染评价，在全球大气污染最为严重的10个城市中，我国就占据了7个。[①] 在具体的个案当中，我国每年也都会或多或少出现一些严重的环境污染事件。2007年至2008年间云南阳宗海砷污染事件中，阳宗海水体的砷浓度严重超标曾一度最高值达到0.134毫克/升。后经云南省环保局对该水域周边及河道沿岸企业进行突击检查，共查出有8家企业在生产中存在环境违法行为，并初步确定阳宗海水体砷污染主要是由于云南澄江锦业工贸有限公司的生产污水所致。[②] 2012年年初，广西龙江河遭遇了重大环境污染问题，经检测，龙江河水域中的镉浓度严重超标最高值近80倍，给该河下游的百万群众生活用水带来了严重的影响。经调查证实，位于金城江区的鸿泉立德粉材料厂排放的污水是此次事故的重要污染源之一。[③]

面对如此严重的环境污染现状，相关责任人受到的处罚往往与事故的社会危害性并不相适应，甚至有些涉事企业仅仅只是花钱消灾，不了了之。如2005年11月13日，中国石油天然气股份有限公司吉林石化分公司双苯厂硝基苯精馏塔发生爆炸，造成8人死亡，60人受伤，直接经济损失6908万元，并引发松花江水污染事件。该事故被国务院事故及事件调查组认定为特大生产安全责任事故和特别重大水污染责任事件。在该事故中，有关部

---

① 雷鑫：《生态现代化语境下的环境刑事责任研究》，知识产权出版社2010年版，第162~163页。

② 邓京荆：《云南阳宗海砷污染事件回放》，载http://www.chinadaily.com.cn/dfpd/2009-06/03/content_9169588_2.htm，最后访问时间2014年8月11日。

③ 中国新闻网：《广西龙江河污染水体镉浓度峰值超标低于20倍》，载http://news.163.com/12/0205/07/7PFTVA8800014JB6.html，最后访问时间2014年8月11日。

门给予了12名事故责任人党纪、政纪处分。[①] 笔者在此不讨论本案安全生产事故，但就涉事石油公司污染造成的松花江水污染事件而言，网上的报道随处可见，其危害后果的严重性不言而喻，而此次事故中没有一个负责人受到刑事处罚。又如，2013年6月20日，中石油长庆油田号5－15－27AH苏气井污水直接排入额日克淖尔湖，致使鄂尔多斯乌审旗和鄂托克旗等地的数万亩草场上，水源及其植被有正在遭受污染的迹象，大片羊群出现死亡和明显病症，地下水受到威胁，有牧民身体也出现不适之感。污染事件发生后，有关部门依据相关法律法规，对中石油川庆钻探工程有限公司安全环保质量监督检验研究院做出了5万元罚款的处罚，涉事污染企业经协调后承诺扶助湖周边的15户牧民，给予每只死亡的羊补偿1000元，共计约58万元。[②] 也就是说，虽然污染企业给额日克淖尔湖湖水造成了如此严重的污染，导致了地下水被污染、牲畜死亡、威胁居民健康等问题后，污染企业仅仅为此支付了几十万元的罚款和补偿款，而中石油作为我国石油产业的垄断巨头之一，相信这几十万的罚款和补偿款对其而言可能只是九牛一毛，无关痛痒。

诸如此类的污染事件在我国比比皆是，之所以环境污染事件在我国如此频繁，与有关部门监管不到位显然不无关系，“有法不依、执法不严”当然也是重要的原因之一。但除此之外，本书认为我国现行刑法制度在惩治环境污染犯罪方面所表现出的滞后和不足，显然也影响到了打击环境污染犯罪行为的有效性和及时性。这是因为，环境污染通常情况下都是企业在生产运作中附带产生，往往很难查明企业造成的环境污染事实是出于故意还是过失，也正因如此，大部分的企业在造成重大环境污染事件后往

① 新浪网：《吉林石化特大爆炸事故及松花江特别重大水污染事件》，载http://news.sina.com.cn/c/2006-12-21/102811850923.shtml，最后访问时间2014年8月11日。

② 刘瑞刚：《雾霾居首，盘点2013年中国六大环境事件》，载http://digi.it.sohu.com/20140213/n394911165_5.shtml，最后访问时间2014年8月11日。

往都是被处以罚款等行政处罚，相关责任人被处以党纪政纪处分，事件影响过于严重者则会被处以重大环境污染事故罪等罪名，但总体来看，污染所带来的社会危害性与污染企业和责任人受到的惩罚的严厉性相差甚远。入罪难的问题导致了实际惩罚过轻，也纵容了不法企业铤而走险，在追求经济利益的同时无视给环境带来的危害，致使环境污染现状日益严峻。

总之，我国环境状况所面临的严峻形势已不容忽视，众多的环保主义者及政府部门也以实际行动开始了对环境的保护行动。如每年的植树节期间，全国各地都会掀起植树热，从而逐步恢复我国日益减少的森林覆盖率。各类公益性广告通过电视、网络等渠道引导人们注重节约用水、减少环境污染；等等。在立法上，我国还相继出台了大气污染防治法、固体废物污染环境防治法、水污染防治法、矿山地质环境保护规定等一系列法律、法规及规章制度。尤其是新环境保护法的出台，对于环境违法行为的规定更为广泛和严苛，对于打击和预防环境危害行为具有了更大的威慑力。但即便如此，我国环境恶化状况的改善成效并不显著，大量的生产企业仍只顾自身利益而忽视可能给环境带来的恶劣影响，企业责任人的大局观念仍然缺乏，使得环境保护意识没有得到足够的重视。况且，仅仅依靠行政处罚或民事制裁，对于一些实力雄厚的企业法人来说，往往起不到多大的惩罚效果。基于此，充分发挥刑事制裁手段的威慑力，有效预防并严厉打击环境犯罪行为，成为治理环境问题的关键性举措，严格责任的引入，可以在预防和打击环境犯罪方面发挥举足轻重的作用。

二、传统过错责任原则难以适用

我国现行刑法在行为入罪上坚持四要件犯罪构成体系，即行为构成犯罪，必须具备犯罪的客体、客观方面、主观方面、主体四个要件，司法实践中，由检察机关或自诉人对该四要件承担举证责任，而且所提供的证据证明标准必须达到“事实清楚，证据确实充分”。在认定犯罪主观方面，我国坚持过错责任原则，公诉机关或自诉人必须证明被告人具有故意或过失，否则将导致控诉失败。这一传统过错责任原则在主观证明上的要求，对于保护被告人的合法权益显然有着非常重要的作用，但在环境污染犯罪案件中略显苛刻，往往可能适得其反，不利于打击环境犯罪。

一方面，环境污染犯罪往往具有很强的专业性，司法人员往往力不能及。环境污染犯罪通常是由企业在生产过程中附带发生，任何一个或一类型企业，往往都是专业从事某方面生产的专业性极强的生产组织。一些生产企业排放的废水或废气，其中所含的物质往往并不具有很强的污染性，甚至是人类生活中的必需品。例如，次氯酸钠往往也被称为漂白水，其所含的次氯酸是一种强氧化剂，能够杀死水中的细菌，正因如此，游泳池中的水都利用次氯酸钠进行消毒，即使是居民饮用的自来水中，也会使用少量的次氯酸钠进行消毒杀菌。酚类物质虽然具有一定毒性，但企业向自然界排放一定标准的酚类物质是合法的。但是，当同时都以合法标准排放到自然界的次氯酸钠（含氯）与酚类物质相接触时，就会反应生成毒性极强的氯酚。而在这个过程中，源头上含氯物质和含酚物质显然都是企业合理的排污行为，但经过反应后生成的氯酚却具有极强的毒性，严重污染环境。对于类似这种专业性极强的污染事件而言，即便是要求司法人员调查这些环境污染事件的相关证据证明客观危害行为的存在都存在很大的难度，如果依据传统的罪过责任原则，要求不具备其他专业背景的司法人员对被告人企业所实施的污染行为承担故意或过失的举证责任，显然更是非常困难的事。可以肯定，完全调查清楚环境污染事件的来龙去脉，不仅是一项巨大的工程，而且对于科技水平的要求也提出了很高的要求。一味地依据传统过错责任原则来追究环境污染犯罪，不仅会给司法机关带来极大的困难，更重要的是可能会因此使得犯罪分子逍遥法外，使得打击环境污染犯罪往往无法落实，导致环境污染状况日益加重，从而造成不可挽回的严重后果。

另一方面，环境污染犯罪的危害行为和危害后果之间的因果关系具有复杂性，主观证明非常困难。在普通犯罪中，犯罪行为实施后行为危害危险（危险犯）或实害结果（结果犯）就会发生，或仅依据犯罪行为（行为犯）就可以对行为人定罪量刑，司法机关在证明这些犯罪中并不会遇到多大的困难，即便是对于一些重大疑难案件，刑事诉讼法也对其诉讼时效和举证期限进行了特别规定，因此，普通犯罪的入罪往往只是时间长短问题，一般不会对司法机关造成多大困难。如在故意伤害罪中，被告人实施的故意伤害行为和造成危害后果之间通常间隔非常短，司法机关调查被告人杀人行为所持的主观心理并不困难，通过被告人的供述、证人证言、被害人陈述、物证等证据，完全可以证明被告人的主观罪过。但在环境污染犯罪中，危害后果通常并不会立即产生，而是要随着时间的推移，当污染物数量达到一定程度时，由此而带来的污染后果才会逐渐显现出来。如日本富山骨痛病案件中，早在 1945 年前后的日本富山县居民就已经出现了不同程度的关节痛、骨折、骨骼萎缩等症状，而直到 20 多年后有关部门才查清楚，该地居民的病症是由于三井矿山神岗工厂排出的废液中含有的金属镉导致居民镉中毒引起的。无独有偶，处于相同时期发生的日本新潟水俣病事件中，自含有甲基汞的污染物排放，到查清正是由于该污染物导致了当地居民患上口齿不清、面部呆滞、耳聋眼瞎的病症，其间差不多经过了半个世纪之久。[①] 环境污染事件中，其所表现出来的因果关系复杂性、危害结果滞后性等特点，使得环境污染后果与污染行为之间往往间隔时间久远，依靠传统的过错责任原则，很难在危害结果发生后再去查清楚多年以前实施污染行为的行为人主观过错，其结果必然会使得一些环境污染犯罪行为很容易就逃避了法律的制裁，对于保护环境和维护人类生存发展空间十分不利。

环境污染行为所表现出来的这些独特之处，直接造成司法机关难以依据传统的过错责任原则对实施者定罪量刑，或许这也正

① 张梓太：《环境法律责任研究》，商务印书馆 2004 年版，第 301 ~302 页。

是我国当前环境污染事件仍极其严重的重要原因之一。我国近些年来发生的松花江重大水污染事件、四川沱江特大水污染事件、广西龙江河镉污染事件等，都在一次次警告着我国环境状况的恶劣程度已不容忽视。环境污染行为的专业性和因果关系复杂性等特点，使得传统的过错责任原则往往又无法有效运用到这类犯罪中。在这样的背景下，改革司法举措，在我国刑法领域适当引进严格责任原则，降低环境犯罪的入罪标准，不仅可以使得可能造成环境污染的企业高度重视，防患于未然，而且对已然的环境犯罪可以有效予以打击，对于保护环境的可持续发展尤为必要。

三、有利于提高环境刑事诉讼的经济性

经济学与法学之间并非毫无关联，相反，无论是实体法还是程序法当中，都有着经济学因素的存在。正如学者所言，“如果一个人未接受经济学方面的训练，那么他就无法认识到法律问题同经济问题之间的紧密联系，而这种关系在许多法律领域中都存在着”。[①] 就刑事司法领域而言，如何提高刑事诉讼的经济性，正是经济学对于法学影响的有力印证。我国大多数学者在研究刑事诉讼法律制度时，一般都关注诉讼的客观公正性，相对而言对于诉讼的经济性则论之较少。刑事诉讼法当中，更是以确立诉讼的客观、公正为基本原则。

然而，我国的刑事诉讼立法中并非不存在有关刑事诉讼经济性的相关规定。如我国刑事诉讼法规定，检察机关对于虽已构成犯罪，但犯罪情节轻微无须判处刑罚或应当免除处罚的，可以不予起诉。由检察机关直接对相关案件决定不起诉，避免了将案件移交法院进行审判而带来的后续一系列审判资源的浪费，有效提升了司法效率。又如，我国刑事诉讼法中规定的刑事附带民事诉讼案件一并审理，共同犯罪案件合并审理、简易程序的适用等，

① ［美］E. 博登海默：《法理学——法哲学及其方法》，华夏出版社 1987 年版，第 490 页。

其实在很大程度上都是为了节约司法成本，避免不必要的司法资源浪费，提高司法效率。毋庸置疑，虽然我国刑事诉讼法中并未明确规定刑事诉讼经济原则，但相关立法规定实际上已经充分反映出了诉讼经济的立法精神。

刑事诉讼经济原则，是指司法机关和诉讼参与人在刑事诉讼中，通过以尽量少的人力、财力和物力消耗来实现刑事诉讼的客观公正。[①] 在刑事诉讼过程中，司法公正的实现当然应属于最重要的价值追求。然而，除了司法公正外，诉讼效率的提高也是刑事诉讼应当追求的另一重要价值，诉讼的经济性则是提高诉讼效率的外在途径。司法公正的实现与诉讼效率的提高也并非一对矛盾的关系，相反，一味追求司法公正，在刑事诉讼过程中盲目追求慎重、细致而复杂的诉讼程序，却不顾时间和物质资源的浪费，此种不经济的刑事诉讼模式必然造成不利后果。第一，不注重司法的经济性可能造成司法资源的浪费。刑事诉讼过程中，如果对于可以合并审理的共同犯罪案件不合并审理，对于可以适用简易程序的案件一律适用普通程序，对于一些不必要的间接证据强求予以一一证明……或许这些苛刻的要求最后能够得到个案公正的司法结果，但其必然造成不必要的司法资源浪费，甚至影响如期结案，引发不必要的案件重复审理等结果。即使没有这些苛刻的做法，依法实施合并审理、依法适用简易程序、严格遵循证据规则，同样可以达到司法公正的效果。第二，迟来的正义非正义，没有效率的公正也无所谓公正。过于强调司法公正而不顾司法效率，难免造成诉讼周期的延长，不仅浪费有限的司法力量，更使得司法在公众面前丧失公信力和权威。第三，单纯追求司法公正的刑事诉讼必然要求对于犯罪构成要件的证明必须达到确实、充分的标准，而这在当今复杂的社会现实面前是难以完全实现的。例如，现代化社会的犯罪类型丰富多样，而且往往隐蔽性较强，对于一些犯罪的因果关系或主观要件的证明难以实现证据

① 周立平：《略论刑事诉讼经济原则》，载《法学》1993 年第 2 期。

理由确实、充分，一味坚持传统的定罪标准可能导致一些犯罪行为逃脱刑事法网。

在一些重大环境污染事件中，当追究相关企业刑事责任时，由于涉及的很多专业知识只有企业和相关组织了解，损害后果与危害行为之间往往间隔长久，加大了责任认定难度。在此类难以证明的危害公众生命健康的犯罪方面坚持传统的罪过认定标准，必将导致诉讼周期超度延长，刑罚效果大打折扣，最终也难以保证司法的公正性。刑事诉讼经济原则将公正与效率同时予以考虑，对于此类难以证明的犯罪事实则可以在程序上进行相应的变通，以减少司法资源的浪费，及时有效地维护公众的利益。严格责任的适用无需对行为人主观罪过进行认定，免除公诉机关的主观证明责任，可以有效地提高诉讼效率，节约因主观证明困难而造成的司法资源浪费，而且能够及时地最大程度地维护被害人的利益，保障司法公正。因而，从兼顾刑事诉讼的公正与效率，提高诉讼的经济性角度而言，严格责任的适用可以有效提高环境刑事诉讼的经济性。

第三节　我国环境犯罪适用严格责任原则的可行性

我国环境污染现状所反映出的严峻形势，使得严格责任原则的引入成为必要。实际上，在我国环境犯罪中引入严格责任原则并不会与我国刑法理论发生冲突，严格责任原则在我国司法实践中也完全可以得到有效适用。

一、与传统过错责任原则本质相同

刑法作为最严厉的制裁手段，其适用的前提必须是通过明文先行规定犯罪与刑罚的种类和方式，从而使得民众能够预知刑法规范的范围，以更好地自主约束自己的行为。刑罚的实施必须以行为处于行为人自由意志的支配下为前提，否则刑罚不得施加于该行为人，这是“无责任便无刑罚”的应有之义。刑罚只惩罚具有自由意志支配下的行为，实际就是要求行为构成犯罪必须具备主观责任。将某一犯罪行为或结果归责于特定的行为人，必须以该行为人在主观上对犯罪行为或结果存在故意或过失的罪过形态。传统刑法规定的主客观相统一原则也对罪过的重要性进行了规定，即任何犯罪的成立必须同时具备主观过错和客观危害，缺乏主观过错的行为不得以犯罪论处。传统刑事诉讼过程中，行为是否构成犯罪主要由公诉机关予以证明，即公诉机关不仅需要证明行为人的犯罪事实，同时也要证明行为人的主观过错。严格责任不要求公诉机关证明行为人的主观过错，明显与传统的刑事司法理念相违背，在这里其合理性受到了质疑。

在笔者看来，严格责任与传统刑事司法理念的矛盾的解决，必须依赖例外情形的存在，即严格责任是传统刑事司法理念中的一个例外或者说是对传统过错责任原则的修正。然而，例外是否存在于或能够存在于刑法当中？笔者的回答是肯定的。在古典刑法学当中，罪刑法定主义、责任主义和法益保护主义构成其基本的刑事责任制度体系，而在刑法学不断的发展过程中，这些传统的刑事责任基本原则在适用中的例外情形也不断被创制。

例如，实害犯是古典刑法当中犯罪构成的基本形态，为了有效打击一些社会危害性极其严重的行为，现代刑法中不仅存在实害犯，同时也出现了危险犯和行为犯。相对于传统的实害犯而言，现代刑法当中的危险犯和行为犯无疑则是例外情形。再如，法人在现代社会发展中往往也会造成严重的社会危害，为此，法人犯罪（单位犯罪）也被引入刑事领域。相对于传统的自然人犯罪而言，法人犯罪的出现无疑属于例外情形。又如，传统刑法当中，犯罪行为主要表现为作为和不作为两种形式。而在当今社会一些司法实践中，比如，在打击毒品犯罪中，行为人大量持有毒品的情况经常遇到，无论是制造走私毒品罪，还是贩卖毒品罪等，都无法适用于行为人仅持有毒品的行为。但是，大量持有毒品的行为的社会危害性显而易见，行为人很有可能会在日后实施贩卖行为或进行其他非法交易，为了严惩这类危害行为，持有型犯罪则应运而生。与作为或不作为犯罪相比，持有型犯罪无疑是一种例外情形。

总之，回顾刑法的发展过程即可以看出，刑法中例外情形的存在并不少见，刑法的发展也需要例外的存在。从一定意义上说，“没有例外就没有刑法发展，刑法生命即告终止”。[①] 但是，刑法例外情形的存在并不是对于刑事责任基本原则的挑衅或背离，而是现代刑法体系适应社会变化的需要，是社会公共政策对于刑法体系变革提出的要求，更是刑法发展的必然趋势。与传统刑事归责原则相比，严格责任不需证明行为人的主观罪过，而仅依据客观事实就可以实现定罪量刑，一定程度上我们也可以将其理解为是传统刑事归责原则的例外情形。与前文列举的刑法中存在的诸多例外情形一样，严格责任的存在也是刑法体系适应社会变化的需要，是基于保护社会公共利益的需求。

在传统罪过原则中，行为人主观故意或过失的证明责任由公诉机关直接承担，行为人构成犯罪的，公诉机关必须对行为人的主观过错进行证明，而且证明标准必须达到“事实清楚，证据确实、充分”的程度。本书主张的严格责任的本质是过错推定责任，其与传统罪过原则的区别是明显的，但并不是完全对立的。首先，在严格责任中，免除了公诉机关对于主观过错的证明责任，立法直接推定行为人存在过错。行为人可以以其不存在过错为由进行辩护，该辩护证明无须达到“事实清楚，证据确实、充分”的程度，只需达到优势证据即可，即行为人不存在过错的可能性大于存在过错的可能性。其次，如果行为人能够证明自己不存在过错，公诉机关若要继续追究行为人的刑事责任，则必须承担起证明行为人存在主观过错的举证责任，此时的证明标准与传统罪过原则的证明标准一样。不难发现，严格责任与传统罪过原则的区别在于，其一开始无须公诉机关证明行为人的主观过

① 储槐植：《刑法例外规律及其他》，载《中外法学》1990 年第 1 期。

错，而是通过推定的方式推定行为人存在过错，在一定程度上减轻了公诉机关的举证难度。二者的相同点在于，当严格责任行为人证明自己不存在过错时，公诉机关仍需要承担与传统过错原则一样的证明责任。严格责任的本质仍属于过错责任，其与传统过错责任原则的不同仅在于证明方式上的不同，但二者在对“无罪过则无犯罪”的要求上是一样的。严格责任虽然采取的是推定过错的存在，但毕竟仍还是蕴含了罪过对于犯罪成立的必要性。

由此可见，严格责任通过过错推定的方式对主观要件予以肯定，与过错责任原则在实质上并无冲突。严格责任对过错证明方式的不同成为传统过错责任原则证明方式的例外情形，二者的证明方式不同，但在本质上对于罪过的要求并没有本质区别。

二、与“不得强迫自证其罪”不矛盾

不得强迫自证其罪，又被称为任何人不得被强迫自证其罪、反对强迫自我归罪、反对强迫自证其罪、禁止自我归罪；等等。[①] 不得强迫自证其罪是刑事诉讼中的一项重要原则，对于保障犯罪嫌疑人、被告人合法权益，维护法律的公平、公正起到了积极作用。不得强迫自证其罪意味着证明被告人有罪的举证责任始终由控诉方承担，被告人不承担证明其自身有罪的举证责任。同时，根据无罪推定原则，被告人也无须承担证明其自身无罪的举证责任，这是不得强迫自证其罪的应有之义。

刑讯逼供作为少数执法者赖以取证的“有效方式”，实际上就是通过刑讯逼迫犯罪嫌疑人供述对自己不利的犯罪证据，甚至自我捏造犯罪事实。在刑讯逼供下，本应当由公诉机关承担举证责任证明的犯罪事实，由于犯罪嫌疑人遭受刑讯而自行对犯罪事实进行了供述，从而免除了公诉机关对该部分犯罪事实的举证责

① 彭伶：《不得强迫自证其罪原则研究》，中国检察出版社 2009 年版，第 133 页。

任，其结果是使得犯罪嫌疑人处于不利地位，并且可能因存在屈打成招而造成冤假错案。可见，不得强迫自证其罪在本质上正是为了防止刑讯逼供的发生，避免犯罪嫌疑人作出不利于自己的供述，进而避免本应由公诉机关承担的举证责任由于刑讯逼供而实际上转移到犯罪嫌疑人身上。

严格责任犯罪中，法律规定公诉机关无须证明被告人的主观罪过，即免除了作为控诉方的公诉机关对于被告人主观罪过的证明责任，而被告人必须举证证明其主观上不存在过错方可免责，与通常情况下必须由控诉方承担被告人有罪的证明责任有所不同。有学者将严格责任归为无罪推定原则的例外情况，属于证明责任倒置，即根据严格责任的要求，被告人被推定为主观上有过错，被告人必须承担证明自己主观上无过错的责任，否则将被认定为有罪。[①] 在我国刑事领域，一些特殊刑事案件的一部分构成要件也须由被告人承担证明责任，如我国“巨额财产来源不明罪”中，被告人就应当对巨额财产的来源是合法的承担证明责任。[②] 由于涉案财产的来源处以真伪不明时，法院依法仍会认定犯罪成立，在这类犯罪中被告人对财产的合法来源的确负有证明责任，只是在证明标准上可以低于控诉方的证明标准。[③] 我国一些学者普遍认为，在刑事诉讼中，被告人不承担证明责任是一般原则，但在一些例外情况下，被告人需要承担部分证明责任。[④]

除此之外，上述学者们对于被告人可以承担证明责任的理由给予了相应的合理依据。如巨额财产来源不明罪中，规定“由被告人承担证明差额部分的来源是合法的，若不能证明则差额部分以非法所得论”，是为了加大打击贪污贿赂犯罪，在国际上是

---

① 谢佑平：《刑事程序法哲学》，中国检察出版社 2010 年版，第 103 页。

② 谢佑平：《刑事诉讼法学新论》，浙江大学出版社 2011 年版，第 121 ~122 页

③ 李浩：《证据法学》，高等教育出版社 2009 年版，第 214 页。

④ 樊崇义：《刑事诉讼法学》，中国政法大学出版社 2009 年版，第 292 页；卞建林、韩旭：《刑事被告人证明责任研究》，载《法学论坛》2002 年第 3 期；张云鹏：《刑事推定论》，法律出版社 2011 年版，第 178 页。

一种惯例。[①] 对严格责任实行证明责任倒置，只要起诉方证实了被告人实施了被控罪名的犯罪行为，被告人就应对其主观上无过错承担证明责任，能证明自己主观上无过错的，就可以免责。这种严格责任规定既维护了刑法的社会保障功能，因为证明责任由被告人承担，这仍体现了社会对被告人的严格要求；同时它又能维护刑法的人权保障功能，因为被告人只要能证明自己主观上无过错，就可以免责，减轻了严格责任的严格程度，使不公正程度得以减轻。这样，刑法的社会保障功能和人权保障功能就在一定限度内得到协调统一。[②]

在笔者看来，我国有关刑事诉讼制度和刑事司法原则均说明，刑事诉讼中的被告人不应当承担罪轻或无罪的举证责任，而只是在行使相应的辩护权时需要在一定程度上说明其辩护理由的合理性或合法性，但这并不是刑事诉讼中所讲的举证责任。一方面，我国2018年《刑事诉讼法》第51条规定，证明被告人有罪的举证责任分别由公诉案件的检察院和自诉案件的自诉人承担。言下之意，控诉方有责任或义务提出证据证明被告人有罪，并且其证明必须达到法定的证明标准，而被告人则没有责任证明自己是否有罪。另一方面，无罪推定则明确了被告人在刑事诉讼中的地位，即任何人在法院判决之前均不得被视为有罪之人。控诉方为了使被告人被判有罪，则需要承担相应的举证责任，被告人无须承担证明自己是否有罪的举证责任。由于我国属于职权主义司法模式，法院作为审判机关，在整个刑事诉讼中起着主导作用。法院对被告人定罪判刑，在证明标准上必须达到犯罪事实清楚，证据确实充分的证明程度，在一定情况下有权力也有责任对证据进行调查核实。[③] 而由被告人承担证明其犯罪事实不成立的

---

① 樊崇义：《证据法学》，法律出版社2012年版，第328页。

② 谢佑平、万毅：《刑事诉讼法原则：程序正义的基石》，法律出版社2002年版，第263页。

③ 陈光中：《刑事诉讼法》，北京大学出版社2012年版，第169页。

举证责任（也有学者称其为证明责任），意味着被告人必须举证证明其行为不构成犯罪，无疑与“不得强迫自证其罪”相矛盾。

适用严格责任的目的是减轻控诉方的举证不能或举证困难，其本质是不需要控诉方证明被告人的主观过错，只需证明被告人的客观犯罪事实即可进行归罪。以污染型环境犯罪适用严格责任为例，从我国犯罪构成四要件来讲，控诉方需要举证证明的要件包括：（1）犯罪客体，即污染行为违反了国家环境污染管理制度从而侵犯了生态破坏后所反映出来的社会关系；（2）犯罪客观方面，即行为人实施了污染环境的行为，造成污染发生的危险或污染结果；（3）犯罪主体，在一些重大环境污染事件中通常以企业法人为主。对于犯罪主观方面，则无须控诉方举证证明，而直接由法律推定行为人存在主观过错。因此，对于严格责任下的污染型环境犯罪而言，只要控诉方能够举证证明以上三个要件，控诉方的全部举证责任就已完成。严格责任这种不需控诉方承担被告人主观方面的举证责任的规定，对于有效打击犯罪发挥了积极作用，同时体现出了刑法的社会保护机能。但严格责任通过法律推定被告人主观上存在过错，推定的目的是减轻控诉方的举证责任，往往与事实可能相反，即被告人可能确实不存在主观过错，由此就可能造成冤假错案，伤及无辜，无异于完全置被告人的人权保障于不顾。正因如此，相对严格责任与传统绝对责任的最大不同，就在于其允许被告人可以“主观不存在过错”等事由进行辩护，即此处的法律推定并不具有绝对的法律效力，而是可以被推翻。由此一来，不需控诉方证明被告人的主观过错可以有效打击犯罪，发挥刑法的社会保护功能；赋予被告人以“主观不存在过错”等事由进行辩护在一定程度上降低了严格责任的严厉程度，兼顾了刑法的人权保障机能。

但在严格责任犯罪中，控诉方举证证明了除被告人主观方面的其他三要件，且案件达到了“事实清楚，证据确实、充分”的证明标准之后，法院即可以依此判决被告人构成犯罪。因此，被告人即使提出了“无过错”辩护理由，也只是对其行为构成犯罪的否定，不是其应当承担的举证责任，而是法律赋予其享有的辩护权。有学者将被告人的这种辩护权称为“反驳权”，它仍是被告人的一项权利，并不意味着被告人承担证明责任，也不意味着证明责任的倒置。证明责任仍然由控方承担，只要被告人提出反证，动摇了法官的心证而产生了合理的怀疑，就意味着控方没有完成证明责任，不能对被告人定罪处罚。[①] 在严格责任犯罪中，即使被告人没有提出无过错辩护，控诉方也必须举出充分的证据证明被告人的犯罪事实，法院不会因为被告人没有进行辩护而无法对其定罪量刑；相反，被告人提出了无过错辩护意见后，法院则必须考虑被告人的辩护理由，如果辩护理由成立，则法律关于“被告人存在主观过错”的推定即被推翻，此时控诉方必须继续举证证明被告人无过错的辩护理由不成立，否则法院不得判决被告人有罪。

实际上，从严格责任的产生历史背景也可以看出，被告人的无罪辩护是法律基于被告人人权保障考虑而赋予被告人的一项权利。早期英美刑法中的严格责任不允许被告人以无过错进行辩护，无异于传统意义上的客观归责，在有力打击犯罪的同时也严重损害到了被告人合法权益的保护。正因如此，绝对的严格责任在英美刑法中受到了众多的指责和批评，被告人的人权保障成为严格责任必须考虑的因素，在后来严格责任的发展中，被告人“无过失”等则成为了严格责任的法定辩护理由。“一旦起诉方证实被告实施了被控罪名的犯罪行为，被告方就可以用这些理由进行辩护，这样一来，就使不公正的程度有所减轻。”[②] 由此看来，严格责任中被告人提出无过错辩护进行免责与普通刑事诉讼中被告人提出诸如不在犯罪现场、不具有预见可能性等辩护理由

---

① 樊崇义、冯举：《推定若干问题研究》；龙宗智：《刑事证明责任与推定》，中国检察出版社 2009 年版，第 22 页。

② ［英］鲁珀特·克罗斯、菲利普·A. 琼斯：《英国刑法导论》，赵秉志等译，中国人民大学出版社 1991 年版，第 78 页。

具有相同的性质，都是为了使自己免于刑事处罚而行使的辩护权，而并不是被告人应当承担的举证责任，更不是法律赋予例外情况下被告人的证明责任。被告人是否进行辩护并不具有法律的强制性，从这个意义上讲，严格责任与“不得强迫自证其罪”并不矛盾。

三、以刑法机能的变迁为现实依据

对刑法机能的具体内涵，刑法学界对其界定不一。我国学者马克昌教授认为，刑法的机能主要包括：维持秩序、预防犯罪、保护法益、保障人权。① 台湾学者韩忠谟教授将刑法的机能分为维护社会秩序的机能和保障机能，保障机能包括保障社会各分子凡未有违反刑法规范之行为者，皆不受国家刑罚权之干涉，及保障特定犯罪人不受超过法律范围之处罚，亦即保证国家绝不设置违反人道或蔑视人格尊严之残虐刑罚。② 日本刑法学者西原春夫教授认为刑法是为国民而行使机能，包括保护机能和保障机能。③ 大塚仁教授认为，刑法机能主要包括规制的机能、秩序维持机能及自由保障机能。④ 西田典之教授认为刑法机能与刑法目的属同一概念，探讨刑法的第一机能、目的是保护法益，还是保护成为国家社会秩序之基础的社会伦理或刑法规范。⑤ 除此之外，也有学者将刑法机能又称为刑法功能，指刑法通过其结构和运作而可以产生的积极作用。⑥ 刑法的功能或者说机能是指刑法

---

① 马克昌：《比较刑法原理》，武汉大学出版社 2002 年版，第 12 ~14 页。

② 韩忠谟：《刑法原理》，中国政法大学出版社 2009 年版，第 8 页。

③ ［日］西原春夫：《刑法的根基与哲学》，顾肖荣等译，法律出版社 2004 年版，第 45 页。

④ ［日］大塚仁：《刑法概说（总论）》，冯军译，中国人民大学出版社 2003 年版，第 22 ~23 页。

⑤ ［日］西田典之：《日本刑法总论》，刘明祥、王昭武译，中国人民大学出版社 2007 年版，第 22 ~23 页。

⑥ 周少华：《刑法理性与规范技术——刑法功能的发生机理》，中国法制出版社 2007 年版，第 120 页。

作为一个有机整体可以起的作用或者可以发生作用的能力。主要包括社会保护功能和人权保障功能。[①] 台湾学者林山田教授未使用刑法机能的概念，而是在著作中将刑法的功能分为保护法益、制压与预防犯罪、保障人权、矫治行为人等六种。[②]

总体而言，“刑法机能”的说法在刑法理论上占据着大多数，其与部分学者所称的“刑法功能”“刑法目的”虽然表述不同，但在本质上是一样的。从刑法的目的角度上看，主要可以将刑法机能分为保护机能和保障机能。所谓保护机能，指的是刑法的社会保护，或法益保护。刑法所保护的法益一般指那些重大的法益，如国家政权、公共安全、人生财产权等，又称为国家利益、社会利益、个人利益。保障机能，是指刑法对于行为人权利的保障。刑法中的当事人，主要是指遭受犯罪侵害的被害人和实施犯罪行为的犯罪嫌疑人或者说被告人、犯罪人。被害人的权益属于刑法保护机能的内容，此处所讲的刑法保障机能指对于犯罪嫌疑人或被告人、犯罪人的权利的保障。对此，有学者分析刑法的保障机能主要表现在：（1）对于不构成犯罪的行为，不能予以刑罚处罚。即保障刑法规范以外的行为不受刑罚制裁的机能。（2）不能在犯罪的法定刑之外科处刑罚。即刑法具有保障犯罪人不受非法处罚的机能。[③] 本书认为，刑法的保障机能实际反映的就是罪刑法定原则所发挥的基本功能，即不仅保障无罪的人不受刑事追究，也保障对于被告人的定罪或量刑必须严格依据法律的明确规定。

在中世纪封建社会时代的早期刑法中，刑法仅体现为社会保护的机能，更确切地说，当时的刑法是被视为镇压敌对阶级的反抗、维护统治阶级的秩序的工具。如古巴比伦王国时期的《汉谟拉比法典》中规定：如果阿维鲁穆（指巴比伦的自由公民）

① 曲新久：《刑法学原理》，高等教育出版社 2009 年版，第 53 ~54 页。
② 林山田：《刑法通论（上册）》，北京大学出版社 2012 年版，第 21 ~22 页。
③ 马克昌：《比较刑法原理》，武汉大学出版社 2002 年版，第 14 页。

打了与他同等社会地位的阿维路穆的脸颊，他要支付罚金一个银米那；如果他打了一个比他社会地位高的人的脸颊，他就应该当众被人用牛鞭子打六十下；奴隶打了自由民的脸颊则要被割掉耳朵。[①] 此时的刑罚具有明显的阶级性，对于同样的犯罪行为，施加于不同阶级地位的犯罪人身上的刑罚手段不同。公元前20世纪后半期的《中期亚述法典》规定，和别人的妻子性交构成重罪而受到严厉处罚，但和未婚女子性交则不构成犯罪，通过民事行为解决。其反映了统治者更注重的是对于家庭关系的维护，而不是对妇女性权利的保护。[②] ……早期的刑法总体反映出对于权力主体的保护，个人权利尤其是低层社会成员的权利在刑法面前不平等，通过刑罚维护社会稳定成为刑法的唯一目的。

近代社会以后，在启蒙思想的影响下，刑法成为社会公民自由和权利的保障。启蒙思想家反对中世纪刑法的罪行擅断，主张罪刑法定原则。如霍布斯等思想家认为刑法是成文法，只有对刑法规定的犯罪行为才能科处刑罚，并且只能科处法律明确规定的刑罚。洛克也认为国家应该以正式公布的和被接受的法律进行统治。[③] 古典学派的学者对罪行法定则进行了更为深入的阐述。如费尔巴哈从国家和个人两方面论述了罪刑法定主义的功能，国家只能在法律规定的范围内认定与处罚犯罪，没有触犯刑法就没有犯罪，没有犯罪也就没有刑罚。刑法是一种行为规范，它对公民的行为起到了引导作用，从而起到了一般预防作用。[④] 罪行相适应原则也是近代启蒙思想以后提出的又一刑法原则。如孟德斯鸠认为："刑罚的轻重要协调，这很重要……在我们国度里，假如对一个在大道上行劫的人与一个因行劫而杀人的人，判以同样的刑罚的话，那就是很大的错误。为了公共安全起见，刑罚必须要

---

① 何勤华、夏菲：《西方刑法史》，北京大学出版社2006年版，第39页。

② 何勤华、夏菲：《西方刑法史》，北京大学出版社2006年版，第49页。

③ 马克昌：《近代西方刑法学说史》，中国人民公安大学出版社2008年版，第3页。

④ 陈兴良：《刑法的启蒙》，法律出版社2003年版，第104页。

有一些区别，这是明白易晓的。”① 古典刑事学派创始人贝卡里亚曾指出“刑罚与犯罪应当相对称”。② 另外，无罪推定原则、刑罚的人道主义原则等注重人权保障的理念在近代社会的刑法思潮中也逐渐得以彰显。如贝卡里亚曾指出：“在法官判决之前，一个人是不能被称为罪犯的……”③ 孟德斯鸠反对刑罚过于严厉，“严厉的刑罚比较适用于以恐怖为原则的专制政体，而不适用以荣誉与品德为动力的君主政体与共和政体……在政治宽忍的国家，人们害怕失去生活，甚于害怕死亡，因此刑罚只须剥夺他们的生活便足够了”。④

综观近代刑法历史的发展，刑法的人权保障机能得到了重视，刑法维护统治阶级利益和社会稳定的“工具”性质得到了改变，刑罚的适用受到了严格的限制。如 1810 年的法国《刑法》就以罪刑法定原则为基本原则，其又包含不溯及既往原则和严格解释原则。1871 年的德国《刑法典》中规定了“非犯罪行为前有定其刑之法律，不得罚之”。充分体现了罪刑法定原则的适用，在刑法适用上采取“从旧兼从轻原则”。英国《刑法》对于死刑的适用在这一时期逐步得到控制，至 19 世纪后期，英国法律规定能被判处死刑的只有叛逆罪、谋杀等少数罪名。⑤

19 世纪末 20 世纪初，随着西方自由资本主义向垄断资本主义转型，出现了一些新的社会问题和社会矛盾，一些新的犯罪也随之而来，刑法的理念和制度则也相应发生了很大的变化。如德国于 1992 年在防治毒品和有组织犯罪的法律中规定了洗钱罪，

---

① ［法］孟德斯鸠：《论法的精神》，远方出版社 2006 年版，第 101 ~102 页。

② ［意］切萨雷·贝卡里亚：《论犯罪与刑罚》，黄风译，北京大学出版社 2008 年版，第 17 页。

③ ［意］切萨雷·贝卡里亚：《论犯罪与刑罚》，黄风译，北京大学出版社 2008 年版，第 37 页。

④ ［法］孟德斯鸠：《论法的精神》，远方出版社 2006 年版，第 92 ~93 页。

⑤ 何勤华、夏菲：《西方刑法史》，北京大学出版社 2006 年版，第 246、259、329 页。

并在其之后通过的《洗钱法》中对洗钱罪进行了补充规定，即“金融机构在进行2万马克以上的金融交易时，有义务对交易伙伴进行认定”。法国1994年的新《刑法典》加强了对于有组织犯罪和法人犯罪的防治和处罚，并且增加了“改变人种罪”“侵害人体胚胎罪”等破坏生物医学伦理方面的罪名。意大利于1993年在其刑法典中增加了一系列打击利用信息技术侵犯公共信义、侵犯个人隐私或侵犯财产的犯罪条款。日本于2001年时在其《刑法典》中规定不正当制作支付用磁卡等电磁记录及其未遂，不正当取得、提供或保管磁卡信息，持有不正当磁卡等行为为犯罪行为。英国等国家在其相关环境保护法律中对各种污染环境的行为作了更为详细的惩罚规定。①

一系列的立法变革反映出经济发展给社会带来的来自不同方面的风险和危害，为了控制这些新型的社会危害，各国刑法也都开始注重对特定法益的保护，将维护社会的稳定和发展作为重点，刑法不仅注重对于犯罪行为的打击，同时也注重预防新型犯罪的发生。在一定程度上，对犯罪人施加刑罚不仅是为了使犯罪行为得到应有的报应和抚慰被害人的损失，更多的是为了公共利益的考虑，通过“杀鸡儆猴”预防犯罪，避免国家秩序和公共利益受到更大的损害。

在这种背景下，刑法的天平在保护被告人合法权益的人权保障机能与预防犯罪和保护公共利益的社会保护机能之间有所倾斜，社会保护机能受到更多的重视。严格责任的适用使得对于环境犯罪的打击难度有所下降，一定程度上对被告人的权益有所损害，但其维护社会公共利益的初衷不得不采取如此“避重就轻”的做法，在一定意义上具有功利主义色彩。“刑法应以维护大众利益为目的，应侧重保护社会整体利益，应以社会为本位，严格

① 何勤华、夏菲：《西方刑法史》，北京大学出版社2006年版，第26~27页。

责任正是基于整体利益的需求而产生的。”①

另外，国外的相关经验为我们提供了很好的参考。如前文所介绍，严格责任原则不仅在英美法系国家得到了普遍的运用，大陆法系的一些国家也开始在环境犯罪中适用严格责任。国外刑法领域在适用严格责任时，对其适用标准和范围做了严格的限制，考察现代英美刑法中适用严格责任的情况，不难发现大致存在以下适用前提：一是排除重罪中适用严格责任；二是适用严格责任的罪名一般都处以较轻刑罚即罚金；三是行为人具有一定的过失，且该过失通常难以证明；四是意外事件等非人力之所及的情况下不得适用严格责任。英美司法实践中，法官在判断一个犯罪是否适用严格责任时，还必须考虑犯罪的本质、刑罚的度量、谴责的程度、特殊的结果、特殊的领域加上法律的语言等因素。②环境犯罪作为一类可能对公众生活健康产生严重影响的公害类犯罪，在我国当前并没有得到很好的预防和惩治，虽然其原因是多方面的，但环境犯罪入罪难显然也是重要的因素之一。因此，借鉴国外有关国家的严格责任立法和司法经验，在我国环境犯罪中引入严格责任原则，不仅对于缓解我国当前日益恶化的环境严峻形势有着重要意义，而且也是符合国际环境刑事立法发展趋势，跟进国际上先进国家和地区惩治环境犯罪的主流步伐。

① 杨春洗、向泽选、刘生荣：《危害环境罪的理论与实务》，高等教育出版社1999年版，第165页。

② 袁益波：《英国刑法的犯罪论纲》，知识产权出版社2007年版，第116页。

第六章　严格责任原则在我国环境犯罪中的建构

在环境犯罪中适用严格责任，意味着控诉方无须证明被告人的主观过错，法院仅依据环境犯罪事实即被告人实施的环境危害行为或造成的危害结果就可对行为人定罪量刑。然而，严格责任毕竟属于一种特殊的归责方式，虽然前文已经论述其在本质上与过错责任原则并不冲突，但与传统过错责任原则相比，其在降低了控诉方举证难度的同时，也难免会强加给被告人额外的负担并带来一定程度上的不公平。因此，严格责任在刑事领域中的适用必须遵循相应的要求，并严格确定其适用范围。

第一节　环境犯罪适用严格责任原则的基本要求

过错责任是我国刑事领域中犯罪嫌疑人、被告人承担刑事责任的重要归责原则。严格责任在一定意义上是基于功利主义刑法思想的产物，其在刑法中的适用必须依法予以明确规定，以避免其过分强调对于公共利益的保护，而无视刑法的人权保障机能，忽视了对于被告人合法权益的保障。

一、严格责任法定原则

罪行法定原则作为我国刑法的一项最基本的原则，要求成立任何犯罪和处以刑罚时，都必须有刑法的明文规定，即“法无明文规定不为罪，法无明文规定不处罚”。本书前面已经提到，刑法的机能主要包括社会保护机能和人权保障机能。如果说预防和打击犯罪是刑法的社会保护机能的话，那么罪行法定原则则更突出了刑法的人权保障机能。一方面，罪刑法定原则对人们具有指引性，行为的罪与非罪由刑法明确规定，人们可以很清楚地知道可以为或不为哪些行为；另一方面，罪行法定原则确定了具体的罪和刑，即行为构成什么犯罪并且会受到什么样的刑罚，都由刑法明确规定。简单地说，罪刑法定原则能够有效避免罪与刑的滥用，对于保障犯罪嫌疑人、被告人的合法权益具有重要意义。

严格责任是基于保护社会公共利益的需要而提出的一项归责原则，但其无须证明被告人主观过错的特点，一旦用之不当则很容易对刑法“保障人权”的机能产生威胁。从这一点看，严格责任无异于一把双刃剑，用之得当，可以更好地发挥刑法的社会保护功能，更有效地维护公共利益；用之不当，则对被告人的合法权益产生极大威胁，使刑法的人权保障机能遭受重创。对于严格责任的引入，有些学者的担心不无道理：“严格责任的引入不利于刑法发挥引导作用，给司法者的肆意专断开了口子。”[①] 正基于此，为了有效控制严格责任的适用，防止司法者在遇到具体个案入罪难时以各种借口随意适用严格责任，必须依法严格规定严格责任的适用情形。所谓严格责任法定原则，是指法律必须对严格责任的具体适用情形予以明确的规定，包括其适用的对象和可以适用的罪名等方面。因此可以说，严格责任法定原则在一定意义上就是罪刑法定原则在严格责任适用于环境犯罪中的具体体现。

严格责任法定原则不仅是我国刑法当中对于严格责任应当作出的明确限制，即便是在英美法系国家，严格责任的适用中也体现了这一原则。如在英国刑法中，严格责任基本都来源于制定法，普通法中只有公害罪、中伤性诽谤罪、亵渎性诽谤罪、蔑视法庭罪等少数犯罪属于严格责任犯罪。即便是在制定法中，只有

① 冯亚东：《理性主义与刑法模式》，中国政法大学出版社 1999 年版，第 107 页。

那些法条中没有“明知故犯地”的限定性词语时，法官才可以将这些犯罪解释为严格责任犯罪。而且司法实践表明，严格责任的适用必须受到严格的审查并被限定在很窄的范围内，因此法院一般也不太愿意将某种犯罪解释为严格责任犯罪。[①] 在美国，《模范刑法典》没有规定具体的严格责任罪名，而是指出除犯罪规定中有特别的要求，或法庭认为适用可责性要求与有效执行规定犯罪的法律相符合外，对违警罪的犯罪可以适用严格责任。对《模范刑法典》之外的制定法规定的犯罪，只有立法明确规定对该犯罪或该犯罪的任一本体要件施加严格责任时才可以适用。并且被作为严格责任处理的罪名，自动降低为违警罪进行处罚。[②] 如《伊利诺伊州刑法典》总则中曾规定，不受监禁或罚金不超过 500 美元的轻罪，并且行为缺乏任何一种法定的犯罪心态或法律明确规定对某一行为施加绝对责任时，行为人才构成犯罪。[③] 由此可见，严格责任在英美国家刑法的具体适用中实际上都受到了严格的限制，这也是罪刑法定原则的具体反映，体现出了严格责任法定原则的基本要求。

我国属于成文法国家，行为是否构成犯罪必须有刑法的明确规定，严格责任作为一项新的归责原则，也应当受到刑法的明确约束和限制。既然我国刑法规定了“过失犯罪，法律有规定的才负刑事责任”。在具体立法中，本书认为，严格责任完全可以效仿过失犯罪的规定，即“严格责任犯罪，法律有规定的才负刑事责任”；在司法上，司法机关也应当严格按照刑法的规定适用严格责任，不可以主观臆断任意适用之。实际上，也只有在立法和司法上对严格责任进行了明确的规定和限制，才能保证严格责任原则的适用不违背严格责任法定原则，才能保障刑法的人权

---

① ［英］鲁珀特·克罗斯、菲利普·A. 琼斯：《英国刑法导论》，赵秉志等译，中国人民大学出版社 1991 年版，第 68 页。

② 李春雷、张鸿巍：《外国刑法学概论》，北京大学出版社 2011 年版，第 314 页。

③ 储槐植、江溯：《美国刑法》，北京大学出版社 2012 年版，第 53 页。

保障机能不受任意侵犯。

二、严格责任补充适用原则

我国刑法历来坚持过错责任原则，即行为人承担刑事责任必须具备主观上的故意或过失，无犯意则无刑罚，环境犯罪也是如此。对于行为人的过错，通常由控诉方承担举证责任，这不仅是“谁主张、谁举证”的传统举证责任理念的应有之义，也是刑事诉讼中被告人权益保障的重要体现。公诉案件占据着我国刑事诉讼案件中的绝大部分，检察机关作为我国的公诉机关，由其承担刑事案件的举证责任有着明确的法律依据，即我国《刑事诉讼法》第 49 条之规定，公诉案件中被告人有罪的举证责任由人民检察院承担。显然，所谓公诉机关的举证责任，应当包括我国刑法规定的犯罪构成四要件的全部举证责任。依据传统过错责任原则，犯罪必须具备主观故意或过失，而对于犯罪主观方面的这一举证责任，其承担者无疑只能是公诉机关。①

严格责任的必要性就在于传统过错责任原则无法保护某些特别的公共利益时，迫不得已而选择适用严格责任原则。严格责任原则虽然赋予了被告人“主观无过错”和“第三人行为”等辩护理由，但与传统的过错责任原则相比，严格责任无须公诉机关证明被告人主观过错的特点决定了其功利性的价值表现。在效率与公平之间，严格责任更能体现出对于效率的追求，即为了惩治某些特定犯罪，继而保护公共利益的需要，不惜在一定程度上对被告人造成相对不公平。正基于此，严格责任作为一种例外适用的情形，不可能像过错责任原则那样享有绝对的核心地位，严格责任原则的适用应当具有补充性，即过错责任原则无法实现刑罚价值而基于保护公共利益的目的又极为需要时，才可以适用严格责任。具体而言，在环境犯罪领域，过错责任原则仍应当属于一

① 自诉案件中的举证责任由自诉人承担，由于环境犯罪案件在我国当前主要属于公诉案件，在此只讨论公诉案件的具体情形。

般性归责原则，具有核心地位，适用于绝大部分的环境犯罪罪名；严格责任原则作为一种特殊归责原则，只应当具有附属地位，即属于一种补充适用原则，对于过错责任原则无法发挥价值的少数法定类别的环境犯罪才可以适用。

实际上，我国刑法中虽然未曾规定严格责任，但我国刑法中的少数罪名在归责方式上却实质采用了严格责任原则。例如，巨额财产来源不明罪中，就免去了检察机关证明行为人“罪过”的责任，而只需要证明行为人的财产或支出明显超过其合法收入且差额巨大的事实，被告可以提出免责事由，说明超出部分的财产来源合法；如果检察机关指控的事实成立，被告又无法证明超出部分的财产来源合法，则被告人将被追究刑事责任。非法持有毒品罪中，检察机关并不需要对行为人的主观明知进行证明，通常情况下，只要检察机关举证证明行为人持有毒品的客观事实，就可以对其定罪量刑。同时，《办理毒品犯罪案件适用法律若干问题的意见》中也明确指出，“犯罪嫌疑人、被告人不能做出合理解释的，可以认定其应当知道”，相反，如果犯罪嫌疑人、被告人能够对其非法持有毒品的事实做出合理的解释，则即可排除其存在故意或过失的可能，不构成犯罪。奸淫幼女罪中，检察机关并不需要直接证明行为人的主观明知，而是依据客观事实推定行为人存在明知，但当行为人能够说明其确实不知道被害人为幼女，使得法院有理由相信行为人有可能存在不明知的情况时，行为人就会被免责。

在这些罪名的司法实践中，检察机关都不需对行为人的主观罪过进行证明，而是依据犯罪事实推定其存在，同时行为人可以进行辩解。这种归责原则显然符合本书所主张的严格责任的基本特点。当然，能够在我国司法实践中适用严格责任进行归责的罪名属于少数，我国刑法中的绝大部分罪名在主观归责上仍然需要适用传统过错责任原则。之所以需要在上述少数罪名中适用严格责任原则，是因为依据传统过错责任原则难以对这些罪名进行入罪，刑法的社会保护机能难以实现，刑法的天平需要在社会保护机能和人权保障机能之间进行一定程度的倾斜，以牺牲少部分人的权益换取社会大众的安全和稳定。当然，上述罪名能够适用严格责任进行归责，也是有具体的法律依据的。在这种情况下，严格责任就发挥了补充适用的作用，弥补了传统过错责任原则的不足，对于惩治特定犯罪发挥了重要作用。

同样，在我国刑法规定的环境犯罪罪名中，诸如非法捕捞水产品罪、非法采矿罪等罪名的主观罪过容易认定，但对于污染环境罪这样的犯罪而言，由于其因果关系十分复杂，行为手段具有专业性、隐蔽性等特点，主观罪过难以认定，传统过错责任原则在认定此类犯罪中往往可能无能为力，极有可能因此放纵犯罪的发生。而严格责任的优势就在于通过推定的方式推定行为人存在主观过错，弥补了传统过错责任的不足，在传统过错责任面前，起到了很好的补充适用作用，能够有效惩治污染环境犯罪。这也是基于刑法社会保护机能与人权保障机能的平衡，一定程度上倾向于刑法社会保护机能的发挥，以维护社会公共利益而相对损害了被告人的合法权益。但这种损害也是基于功利主义刑法特点不得已而为之，并且具有严格的限制。

三、被告人辩护事由

所谓被告人辩护事由，简单地讲就是被告人应当享有辩护权的具体内容。我国 2018 年《刑事诉讼法》第 14 条规定，人民法院、人民检察院和公安机关应当保障犯罪嫌疑人、被告人和其他诉讼参与人依法享有的辩护权和其他诉讼权利。辩护权是刑事诉讼中犯罪嫌疑人或被告人享有的一项基本权利，也是宪法所肯定的刑事诉讼中的一项基本原则。因此，刑事诉讼中的犯罪嫌疑人或被告人享有辩护权是无可厚非的，任何情况下都应当保障犯罪嫌疑人或被告人享有辩护权，这也是保障犯罪嫌疑人或被告人不受非法追究，避免冤假错案的必然要求，是实现司法公正的应有之义。绝对责任之所以在英美法系国家自始至终都受到强烈的谴责和反对，正是因为其盲目地追求功利主义刑法观，而剥夺了被告人的合法辩护权，忽略了对被告人合法权益的保障，无法体现司法公正。时至今日，英美法系的严格责任则赋予了被告人相应的辩护权，在有利于惩罚和预防犯罪的同时，也在很大程度上保障了被告人的合法权益，因而也被越来越多的英美法系国家甚至部分大陆法系国家所接受。我国环境犯罪中引入严格责任时，也应当明确被告人享有的辩护权，具体应当包括以下几方面内容：

（1）行为人无过失。无过失辩护，也是英美国家在严格责任犯罪中规定的辩护理由之一。如 1971 年英国《滥用药品法》第 28 条规定，如果被告可以证明他不认为或没有理由怀疑其占有的物品是受管制的药品，他就应当被宣告无罪。[①] 由我国《刑法》第 14、15 条可知，犯罪分为故意犯罪和过失犯罪，且过失犯罪的，法律有规定时才承担刑事责任。也即如果行为人既不存在故意也不存在过失的，则不构成犯罪。环境犯罪中适用严格责任，是为了更好地保护生态环境，是基于保护公共利益的需要，但刑法明确规定了犯意对于构成犯罪的必要性，不能因为严格责任的适用而否定犯罪对于故意或过失的基本要求，环境犯罪也是如此。在严格责任环境犯罪中，如果行为人能够提出有力的证据证明自己已经尽了合理的注意义务或者积极采取了必要的预防措施，如企业针对排污行为专门请了专业人员和主管部门进行了检测研究，排除了可能对环境造成污染的可能性，而由于科学技术的原因未能及时发现排污行为会污染环境最终造成了严重后果，此时由于行为人对于危害结果的发生没有过失，虽然仍出现了危害结果，但行为人不应当对此承担刑事责任。

（2）第三人行为。第三人行为的辩护理由，同样是英美国家严格责任犯罪的法定辩护理由之一。如英国 1990 年的《食物安全法》第 21 条第 4 款规定，一个人的辩护理由将被视为成立，

---

① ［英］鲁珀特·克罗斯、菲利普·A. 琼斯：《英国刑法导论》，赵秉志等译，中国人民大学出版社 1991 年版，第 79 页。

如果他证明 a. 该罪因另一个人的行为或过错而发生，而这个人不在他的控制范围之内，或者因依据这样一个人所提供的信息而发生；b. 构成被控罪行的出售或未遂出售不是以他的名字或标志进行的；以及 c. 在被控罪行实施之时，他不知道也没有理由怀疑他的行为或不作为构成了有关条款项下的犯罪。[①] 环境犯罪中第三人行为的辩护理由是指，造成环境损害的原因是由于第三人的行为所引起，而且行为人与该危害结果完全没有关系，这种情况下，行为人不需要承担刑事责任。第三人行为的辩护理由实际上包含了两个要素：一是危害是由第三人的行为造成，二是行为人与此危害结果无关。因此，行为人不仅应当证明环境危害结果是由第三人的行为所导致，而且还要证明自己与该危害结果没有关系。

值得一提的是，一些赞同我国环境犯罪引入严格责任的学者在论证辩护理由时，使用的是“第三人过错”。[②] 本书认为该说法值得商榷。“第三人过错”意味着行为人需要证明环境危害后果是由于第三人的过错造成，即需要证明第三人存在故意或过失。而环境犯罪之所以适用严格责任，就是因为环境犯罪存在主观罪过证明困难的问题，是为了减轻公诉机关的举证责任。公诉机关作为权力机关都难以证明环境犯罪行为人的主观罪过，那么由行为人（通常为企业）来证明第三人（造成环境危害后果的其他企业）在环境犯罪中的过错显然也十分困难。实际上，只要行为人证明了危害后果或危险是由第三人引起，且与自己无关，就应当使行为人免责。而证明危害后果是由第三人造成，只需证明危害后果与第三人行为之间具有因果关系即可，完全无须确定第三人的过错是基于故意还是过失。因此，“第三人过错”

---

① ［英］J. C. 史密斯、B. 霍根：《英国刑法》，李贵方等译，法律出版社 2000 年版，第 138 页。

② 雷鑫：《生态现代化语境下的环境刑事责任研究》，知识产权出版社 2010 年版，第 177 页。

的说法显然加重了行为人的证明负担，与严格责任的初衷也相矛盾。“第三人行为”的措辞则更为准确、恰当。

（3）其他辩护理由。在严格责任环境犯罪中，其他辩护理由主要包括不可抗力、意外事件等事由。英美国家严格责任中，也不乏意外事件或不可抗力等事由作为辩护理由的立法规定。如1968年英国《贸易种类法》第24条规定，如果行为人能够证明他触犯该法律的行为是由于认识错误、意外事件或其他不能控制的原因，并且他曾作出了努力来避免危害结果的发生，那么他就可以以此来作为免责事由。①

第二节　严格责任原则的具体适用

理论研究是为了更好地服务于实践运用，严格责任原则降低了公诉机关关于主观过错的举证责任，能够有效解决环境犯罪入罪难的关键性问题。但环境犯罪作为一个上位概念，其所包含的具体罪名繁多，涉及的内容复杂，而严格责任在一定程度上对刑法人权保障机能的侵犯，决定了其适用必须受到严格的限制。因此，哪些环境犯罪对象可以适用严格责任，哪些具体的环境犯罪罪名可以适用严格责任，则需要依法予以详细的规定，以便为司法实践提供明确的适用标准，防止司法权的滥用。

一、严格责任原则适用的对象

过错责任原则是犯罪构成的一项基本原则，任何行为构成犯罪都必须具备主观过错。严格责任则在认定行为是否构成犯罪时，不需要对犯意进行证明，与传统的犯意证明标准有着明显的不同。因而，基于刑法谦抑性考虑，环境犯罪中严格责任的适用对象应当具有严格的针对性，在司法实践中，只有那些适用传统

① 张梓太：《环境法律责任研究》，商务印书馆2004年版，第106页。

过错责任原则难以认定主观罪过的环境犯罪主体，才可以适用严格责任。而依据我国刑法对于环境犯罪的规定，环境犯罪可以分为自然人环境犯罪和单位（法人）环境犯罪，即实施环境犯罪的主体主要包括自然人和单位，但二者是否都可以适用严格责任，本书认为有必要予以分析说明。

（一）严格责任原则可以适用于单位环境犯罪

在环境犯罪司法实践中，单位环境犯罪通常表现为各类与环境有关的企业法人在生产过程中附带产生的犯罪行为，其他事业单位、社会团体等法人机构实施环境犯罪的情况则相对较少(但实践中也会存在)，因此，在此主要以企业法人实施环境犯罪为代表进行论述。通常情况下，企业法人实施的环境犯罪行为往往表现出以下特点：

第一，企业法人实施的环境犯罪行为主要为环境污染行为，行为往往具有较强的隐蔽性。

企业法人一般都是以营利为最终目的，因此在企业发展过程中，必然会通过最大限度地降低生产成本，从而最大程度地赚取利润。在利益的驱动下，一些不法企业在生产中难免会出现违规操作，采取各种非法手段减少生产成本的投入。例如，为了节约成本，本应当依法安装与企业生产能力相当的排污设备的企业，可能会选择安装价格低廉不符合排污标准的排污设备，甚至一些胆大的企业直接不安装任何排污设备，而直接私自将企业生产中产生的废水、废气等污染物直接排入自然环境中。但为了应对环境监管等主管部门的监督和检查，企业在非法排污过程中并不会明目张胆，而是采取夜间排污、私设暗管等手段秘密进行。2013年12月，由淮海工学院生态环保协会联合其他几个部门组成的环保志愿者们分别在南京、徐州、南通和泰州发现13个无名污水排放口，其中既包括没有向环保部门申报而偷设的，也包括一些虽然申报但没有竖牌明示相关信息的，这些排污口位置隐蔽，却直接向外排放着污水。[①]

在全国范围内，相信类似的隐蔽排污行为还存在很多，能够被发现的往往只是很少一部分。即便是媒体偶尔报道的一些非法排污企业，在被报道之前已经对环境造成了严重的污染。究其原因，正是由于这些不法企业通常都是以合法生产为挡箭牌，为节约生产成本，通过秘密渠道非法排污。企业污染行为的隐蔽性，不仅使得污染难以在短时间内被发现，而且由于污染时间较长，对环境造成的破坏往往十分严重。

第二，企业法人造成的污染可能涉及生物、化学、物理等方面的因素，因果关系极其复杂，主观罪过难以认定。

在传统犯罪中，犯罪行为表现的比较明显，犯罪行为与犯罪结果之间的刑法因果关系相对比较客观、清楚，对于犯罪客观事实的认定往往比较简单、容易。例如，在故意杀人案件中，司法机关通过被害人尸体的勘查和证人证言、视频监控、被告人陈述等证据，就可以认定杀人行为的实施者、被害人死亡原因以及杀人行为与被害人死亡之间的刑法因果关系，对于犯罪主观罪过的判定往往比较容易。我国传统过错责任原则在认定普通犯罪时，虽然也可能会遇到麻烦，但司法机关作为强大的权力机关，必须承担起证明犯罪成立的举证责任和证明责任。而且这些麻烦经过司法机关的努力一般都可以解决。

但是，与传统犯罪相比，污染型环境犯罪在因果关系上表现的并不明显。司法实践中，一些企业法人的非法排污对象都是生产中使用的各种化学物质，而化学物质的特点就在于相互之间可能会发生化学反应，这其中的因果关系并非以法律角度可以有效进行解释的。正如前文列举的次氯酸钠与酚类污染物，在正常情况下，次氯酸钠作为漂白剂或强氧化剂对于人类生活具有一定的积极作用。酚类物质作为一些企业生产中比不可少的化学物质，

---

① 张志刚：《江苏 13 个隐秘污水排放口曝光，反映监管尴尬》，载 http://www.chinanews.com/df/2013/12-18/5634493.shtml，最后访问时间 2014 年 8 月 11 日。

在合法范围内的排放也是被允许的。但是，这两种物质在自然环境中却可能发生化学反应产生毒性极强的氯酚，从而可能给环境造成严重污染，直接威胁到人类的生活。而这其中的污染产生过程并非普通法律人可以解释清楚。另外，加之污染物通常都是直接被非法排放到自然环境中，这也会使得污染物可能会与环境中的土壤、其他气体等各种自然物质发生化学或物理反应。而且，自然环境本身存在的微生物及植物等元素在一定程度上也可能会对污染物起到一定的净化和吸收作用；等等。基于各种因素的综合影响，污染形成的因果关系就变得极其复杂，对于此类环境犯罪的认定就变得非常棘手。

第三，环境污染后果的严重性和难以弥补性。

与普通犯罪可能具有的社会危害性相比，环境犯罪的社会危害性往往有过之而无不及，尤其是企业法人实施的环境污染行为，表现得更为明显。例如，新疆准东煤田工业废渣污染事件中，大量工业废料排入新疆卡拉麦里山有蹄类自然保护区，大片宝贵的植被被破坏，带来生态危机。而该区内分布有国家重点保护的野生动物，是我国西北最重要的荒漠生态系统和荒漠有蹄类野生动物保护区。同时还担负着遏阻新疆第二大沙漠古尔班通古特沙漠向东扩张的重任。中科院一位专家对此表示，“保护区已经千疮百孔，国家过去 20 年的保育投入和生态价值将毁于一旦”。[①] 湖南省常德市桃源县晟通集团常德产业园在生产中，向环境大量排放氟化物，而该物质对人体的危害比二氧化硫大 20 倍，而且扩散距离远，致使当地农作物减产、变质，环境严重恶化，造成当地一些农民不得不背井离乡，成为环境移民。[②] 诸如类似重大环境污染事件在我国还有很多，而且污染实施者一般都是企业法人。其社会危害性往往不只是对某个人或某些人的生活环境造成

① 李湘荣：《被工业废渣侵蚀的保护区》，载《新京报》2014 年 11 月 22 日，第 A10 版。

② 陈杰：《回不去的家园》，载《新京报》2014 年 12 月 6 日，第 A12 版。

影响，而是由于污染严重改变了原有的自然环境条件，使得周边大范围的居民生存和生活面临严峻威胁。而且，要想恢复被污染环境的原有面貌，则需要花费巨大的人力、物力、财力和时间，甚至几乎不可能再恢复污染前的环境面貌。如在云南滇池的治理过程中，昆明市政府自1993年起开始治理滇池，至2012年时就已投入近300亿元，滇池治理仍未取得实质性进展。[①] 虽然时至今日，滇池水质较以前有所好转，但如今的滇池中仍会出现一些大大小小的死鱼漂浮在滇池水面，实际治理情况仍不容乐观。毋庸置疑，我国环境污染现状十分严峻，一边是环境恶化不断加深，一边是惩罚效果极为不力，如不加大对于污染的惩罚力度，这样的恶性循环必将导致我国的环境污染状况一步步走向越来越严重的窘境。

单位环境犯罪的这些特点说明，其不仅在环境犯罪的社会危害性上较之于其他犯罪更为严重，而且危害后果持久难消，污染行为手段的确通常十分隐蔽，不容易被及时发觉；再有引起环境污染的因果关系也比传统犯罪的因果关系更为复杂，利用传统过错责任原则对污染行为主观罪过进行认定十分困难。在这种情况下，固守传统刑法理念，就可能难以对严重环境污染行为入罪，从而放纵单位犯罪，对自然环境造成更大的威胁和伤害。而严格责任在归责方式上所体现出的优越性，有效克服了因单位环境犯罪所表现出的因果关系极其复杂等特点而造成的主观罪过难以认定的弊端，对于有效预防和打击环境犯罪，保护自然环境具有重要价值和意义。

而且，企业法人所表现出的营利性表现在，企业法人的生产往往是通过向自然环境索取大量的环境资源，并从社会获取大量的劳动力资源，将其转化为企业自身的物质财富，而且在此过程

① 大洋网：《云南滇池污染治理19年费数百亿元无实质性进展》，载 http://news.163.com/12/1229/08/8JSJUAD60001124J.html，2012-12-29/2014-08-24，最后访问时间2014年8月11日。

中需要向环境排放大量的生产废物，额外增加了环境的自然承受能力。既然企业法人从社会和自然环境中获取了巨大利益，那么由其承担较之普通人更重的法律责任，就显得理所当然。况且，企业法人作为经济实力雄厚的主体，一般都具有较强的抗风险能力，而在环境污染事件中受害的一方往往是缺乏风险抵制能力的社会大众和社会公共利益，严格责任的适用必然会促使企业加强自身的管理，通过投入更多的资金保障生产的合法性，在为其自身创造经济利益的同时，减少对自然环境造成的负面影响。因而，在企业法人为主体的单位环境犯罪中引入严格责任原则，也具有现实可能性。

（二）自然人环境犯罪不应适用严格责任原则

严格责任原则的适用，可以减轻公诉机关对于犯罪成立的举证责任，我国环境污染状况的严峻形势和司法实践中打击环境犯罪遇到的困难，是在单位环境犯罪中适用严格责任原则的主要原因。但是，就自然人实施的环境犯罪而言，是否也应当适用严格责任原则，本书认为值得商榷。

第一，自然人实施的环境犯罪在司法认定上并不存在多大困难。自然人实施环境犯罪的最终目的，一般都是为了从中获取短期利益，对于行为是否会造成环境污染或生态破坏则通常表现出放任的态度，因此一般都表现为故意犯罪。就自然人实施的破坏型环境犯罪而言，通常犯罪事实相对清楚，犯罪的各个构成要件比较容易认定，案件在较短的时间内可以及时被发现并侦破。例如，2014 年 3 月 14 日，广东湛江市公安机关联合有关部门破获一起非法猎捕、杀害珍贵、濒危野生动物案件，抓获犯罪嫌疑人 15 名，现场缴获被杀的老虎一只、老虎制品和作案工具一批。[①] 2014 年 5 月初，四川省广安市前锋区人民法院对前锋区森林公安分局侦破的一起团伙盗伐林木案作出一审判决，判处犯罪嫌疑

① 崔财鑫：《湛江破获猎杀老虎案 15 人落网》，载《南方日报》2014 年 3 月 18 日，第 A9 版。

人李某、黎某、郑某、包某构成盗伐林木罪，并分别判处相应刑罚。[①] 在这些案件中，行为人实施犯罪行为时都具有明确的目的，一般都是为了通过犯罪行为的实施获取暴利，铤而走险，对于其所实施的犯罪行为可能造成的珍贵、濒危野生动物的减少，或对他人林木所有权的侵害并因此造成森林覆盖面积的减少并不关心，即明知自己的行为可能侵害到相应的法益，但为了获取暴利而故意为之。检察机关在证明这类环境犯罪案件中，并不会存在多大的困难。

即便在自然人实施的污染型环境犯罪中，由于自然人行为主体并不像企业法人那样具有较强的专业性，也不像企业法人通常都是以合法生产的方式掩盖了非法排污的事实，通常也都是基于短期利益的诱惑而实施的环境污染行为，犯罪事实相对容易认定。例如，阜城县法院审理查明，2014 年 3 月，被告人范春晓等人分别合谋，利用多辆槽罐车运输数吨盐酸废液，并倾倒于阜城县何某承包的养鱼池内。法院经审理认为，范春晓等人非法排放有害物质数吨，严重污染环境，已构成污染环境罪，并判处范春晓有期徒刑 2 年，并处罚金人民币 2 万元，其他被告人也受到了相应惩罚。被告人李志民自 2012 年下半年至 2014 年 2 月，未经有关部门批准，私自在定州市自家田地内利用废旧塑料提炼高密度油，提炼过程中产生 11.6 吨废渣，并堆放于厂房附近田地内。经鉴定，此废渣为危险废物。法院认为李志民违反国家规定非法处置有毒物质，严重污染环境，构成污染环境罪，判处被告人李志民有期徒刑 1 年 6 个月，并处罚金人民币 1 万元。[②] 这些因自然人实施的环境污染犯罪案件中，司法机关对于犯罪证据的调查取证并不存在困难，通过传统归责原则完全可以达到入罪的

---

① 甘风云：《前锋区人民法院对一盗伐林木案作出一审判决》，载 http://www.gazx.org/content/2014-5/5/20145510151365443.htm，最后访问时间 2014 年 8 月 11 日。

② 河北法院网：《四起环境污染典型案例》，载《中国环境报》2015 年 1 月 7 日，第 5 版。

目的。

第二，严格责任原则作为传统过错责任原则的补充规定，在适用上应当受到严格的限制。与英美法系的当事人主义诉讼模式不同，我国的职权主义诉讼模式要求公诉机关承担刑事诉讼中的全部举证责任。这就意味着对于刑事案件的举证责任都应当由公诉方承担，即公诉机关需要有效证明犯罪成立的四要件，而被告人在刑事诉讼中只享有辩护权，实际上这也意味着在我国刑事诉讼中应当适用过错责任原则。而环境犯罪中严格责任的提出，是基于惩治我国环境污染犯罪的必要性选择，是在传统过错责任原则不能有效发挥刑罚价值时的例外之举。严格责任原则的适用，虽然能够减轻公诉机关的举证难度，有利于刑法社会保护技能的发挥，但在一定程度上必然影响到刑法的人权保障技能，对犯罪嫌疑人、被告人的合法权益造成一定的侵犯。严格责任的适用，是在权衡刑法社会保护和人权保障之后做出的慎重选择，其不具有普遍适用性。因此，严格责任的适用必须受到严格的限制，这不仅表现在严格责任原则只可以作为传统过错责任原则的补充适用情形，而且也表现在不能以公诉机关举证困难而任意适用严格责任，必须综合考虑刑法的人权保障机能慎重适用之，依法明确严格责任原则可以适用的具体对象。

第三，与企业法人环境犯罪造成的社会危害性相比，自然人环境犯罪所造成的危害后果通常要小很多，但由于自然人往往可能更容易被一些眼前的蝇头小利所诱惑，环境和生态保护意识又相对薄弱，在实践中就很容易基于利益的诱惑而对环境造成破坏。如果一味适用严格责任原则进行归责，必将对行为人的合法权益造成严重侵害，刑法的人权保障机能就会受到重创。而且通过上文列举的两个案例的判决可知（被告人范春晓因污染环境罪被判有期徒刑 2 年，并处罚金人民币 2 万元；被告人李志民因污染环境罪被判有期徒刑 1 年 6 个月，并处罚金人民币 1 万元），自然人环境犯罪的刑罚往往也相对较轻，说明其对生态环境造成的破坏并不大，刑法上的社会危害性通常相对较小。而严格责任只应当适用于那些可能给社会公共利益造成重大损失的严重犯罪中，就环境犯罪而言，应当是对生态环境造成严重破坏的行为，而自然人环境犯罪的社会危害性显然达不到这种程度，因而不应当适用严格责任原则。除此之外，即使是一些自然人从事个体生产经营而实施的污染环境行为，由于其往往都是小规模的、分散的，对环境造成的危害并不大，鉴于严格责任的严厉性，也不必适用严格责任。①

二、严格责任原则适用的罪行

依据行为方式的不同，环境犯罪一般可以分为污染型环境犯罪和破坏型环境犯罪。污染型环境犯罪，是指行为人违反环境行政管理规定，向环境中大量排放有毒有害物质或能量，超出环境的自净、调节机能，引起环境质量下降，从而对人身、财产或环境本身造成严重危害的行为。污染型环境犯罪在实践中表现为，行为人向土地、水体或大气中排放、处置有放射性的废物、含有传染性病原体的废物、有毒物质或其他污染物，严重破坏社会生活环境、导致公私财产遭受严重损失或人身伤亡等严重危害后果。破坏型环境犯罪，是指行为人开发利用自然资源过程中，违反环境资源管理规定，摄取或破坏自然资源的原有状况，超过了环境的自我修复能力，情节严重的行为。依据我国刑法的规定，具体包括非法捕捞水产品，非法捕杀珍贵、濒危野生动物，非法狩猎，非法采矿、占用耕地、盗伐及滥伐林木等。但是否所有的环境犯罪罪名都可以适用严格责任原则，在此有必要进行具体分析。

（一）污染环境罪应当适用严格责任原则

污染环境罪，是指行为人违反国家规定，排放、倾倒或处置

① 雷鑫：《生态现代化语境下的环境刑事责任研究》，知识产权出版社2010年版，第169页。

有放射性的废物、含传染病病原体的废物、有毒物质或其他有害物质，严重污染环境的行为。污染环境罪作为典型的环境污染罪名，也是当前我国环境污染刑事案件中适用比较普遍的罪名。本书认为，在污染环境罪的主观认定中，应当适用严格责任原则，理由如下：

一方面，污染环境罪的主观罪过认定比较困难。司法实践中，污染环境罪一般是由企业在生产发展过程中实施的犯罪，即以企业生产产生的废水、废渣、废气等各类废弃物为基础，通过这些废弃物直接污染环境或在环境中发生各种物理、化学、生物方面的作用，与周围的环境要素发生各种反应，经过复杂的变化，最终对环境造成严重污染。通常情况下，在这个过程中污染只是企业生产附带产生，而并非企业希望或追求对环境造成污染，但企业多数情况时对于可能造成的污染是有一定预知的，即明知排放的废弃物可能造成环境污染，而放任这种结果的发生，继续向环境中排放废弃物，因此，污染环境犯罪往往是间接故意犯罪，并非直接故意。当然，也难免有一些企业是在自认为的安全生产中发生了环境污染事件，即企业认为生产不会给环境造成污染，而由于其疏忽或过于自信造成了污染事实，这种情况下就应当属于过失犯罪。理论上虽然如此，但实践中由于企业的排污行为造成环境污染的过程极其复杂，致使污染环境犯罪通常表现出行为的隐蔽性和专业性、危害结果发生迟缓性及后果难以弥补性等特点，公诉机关要想证明犯罪的主观罪过就会面临很大的困难，实际上我国近年来发生的重大环境事件一般也都属于环境污染事故。因此，为了更好地保护环境，加大对环境污染事故的惩处，便于追究环境污染事故的刑事责任，对于违反环境法律法规，针对污染环境罪适用严格责任就显得十分必要。

另一方面，污染环境罪的司法解释为严格责任的适用创造了条件。通过《刑法》第 338 条关于污染环境罪的规定可知，构成该罪必须满足以下三个条件：一是违反国家规定。这里的国家规定与其他环境犯罪一样，应当包括各类有关环境保护方面的法律、法规，如大气污染防治法、环境保护法等。二是具有排放、倾倒或处置有放射性的废物、含传染病病原体的废物、有毒物质或其他有害物质的行为。三是严重污染环境，即污染环境需要达到一定的严重情节。而对于污染环境罪究竟是故意犯罪还是过失犯罪，刑法条文并未对此予以说明，这也使得在刑法理论界对此形成了不同的看法。有学者认为原来的重大环境污染事故罪是故意犯罪，但刑法修正案（八）修改后的污染环境罪的主观罪过是故意。① 也有学者认为污染环境罪的主观罪过是过失，如果行为人对此持故意态度，则行为人的行为就是故意毁坏财物罪或者故意伤害罪或者故意杀人罪，而不应当构成污染环境罪。② 本书认为，污染环境罪的主观罪过应兼具故意和过失，属于复合罪过形式，对此前文已经论述。

但是，在司法实践中如何认定污染环境罪的主观罪过，则是需要予以解决的问题。通过前文分析可知，污染环境罪所表现出的种种特点对严格责任的适用提出了要求。不仅如此，本书认为关于污染环境罪的司法解释实际上也为严格责任的适用创造了条件。2017 年最高人民法院、最高人民检察院施行的《关于办理环境污染刑事案件适用法律若干问题的解释》第 1 条对污染环境罪的构成要件“严重污染环境”的具体情形进行了引举：（一）在饮用水水源一级保护区、自然保护区核心区排放、倾倒、处置有放射性的废物、含传染病病原体的废物、有毒物质的；（二）非法排放、倾倒、处置危险废物三吨以上的；（三）排放、倾倒、处置含铅、汞、镉、铬、砷、铊、锑的污染物，超过国家或者地方污染物排放标准三倍以上的；（四）排放、倾倒、处置含镍、铜、锌、银、钒、锰、钴的污染物，超过国家或者地方污染物排放标准十倍以上的；（五）通过暗管、渗井、渗坑、裂隙、溶洞、灌注等逃避监管的方式排放、倾倒、处

① 张明楷：《刑法学》，法律出版社 2011 年版，第 995 页。

② 姜俊山：《论污染环境罪之立法完善》，载《法学杂志》2014 年第 3 期。

置有放射性的废物、含传染病病原体的废物、有毒物质的；（六）二年内曾因违反国家规定，排放、倾倒、处置有放射性的废物、含传染病病原体的废物、有毒物质受过两次以上行政处罚，又实施前列行为的；（七）重点排污单位篡改、伪造自动监测数据或者干扰自动监测设施，排放化学需氧量、氨氮、二氧化硫、氮氧化物等污染物的；（八）违法减少防治污染设施运行支出一百万元以上的；（九）违法所得或者致使公私财产损失三十万元以上的；（十）造成生态环境严重损害的；（十一）致使乡镇以上集中式饮用水水源取水中断十二小时以上的；（十二）致使基本农田、防护林地、特种用途林地五亩以上，其他农用地十亩以上，其他土地二十亩以上基本功能丧失或者遭受永久性破坏的；（十三）致使森林或者其他林木死亡五十立方米以上，或者幼树死亡二千五百株以上的；（十四）致使疏散、转移群众五千人以上的；（十五）致使三十人以上中毒的；（十六）致使三人以上轻伤、轻度残疾或者器官组织损伤导致一般功能障碍的；（十七）致使一人以上重伤、中度残疾或者器官组织损伤导致严重功能障碍的；（十八）其他严重污染环境的情形。

其中，前 8 种情形属于行为犯的司法解释，即只要污染环境的行为符合“在饮用水水源一级保护区、自然保护区核心区排放、倾倒、处置有放射性的废物、含传染病病原体的废物、有毒物质”等 8 种情形时，就成立污染环境罪；而第 9 ~ 17 种情形属于结果犯的司法解释，即污染行为必须造成“违法所得或者致使公私财产损失三十万元以上的”等严重后果时，才成立污染环境罪。但无论是关于污染环境罪的行为犯解释还是结果犯解释，该条司法解释的目的是便于司法机关在司法实践中可以更好地操作。具体而言，只要在司法实践中污染行为在客观上符合其中任何一种情形，就成立污染环境罪。很显然，该条司法解释也反映出在认定污染环境罪时，并不需要刻意证明行为人的主观罪过，只要行为符合以上具体情形即可。而这种解释与传统犯罪成立的证明标准之最大不同在于：传统犯罪的成立，除了证明犯罪客观事实外，犯罪的主观方面也必须予以证明；但此司法解释对于污染环境罪“严重污染环境”具体情形的列举，显然肯定了只要客观上具有上述严重污染环境的情形，司法实践中就可以认定污染环境罪的成立，而并没有要求对于犯罪主观罪过的证明。

因此，虽然我国刑法并没有规定污染环境罪属于严格责任犯罪，但《关于办理环境污染刑事案件适用法律若干问题的解释》第1条对“严重污染环境”的解释，实际上将污染环境罪解释为不需证明主观罪过，直接依据该解释中列举的具体情形就可以污染环境罪定罪量刑，事实上完全符合严格责任归责原则。但我国刑法理论关于犯罪必须遵循主客观相统一的规定，意味着虽然该司法解释不要求证明污染环境罪的主观罪过，但并不是构成污染环境罪就不需要行为人具备主观故意或过失，否则就违背了主客观相统一原则，而仅仅只是该主观罪过不需要司法机关予以证明。如果行为人确实不具备主观罪过，那么依据主客观相统一原则，行为人也必然会被免责。可见，该条司法解释实际上正是体现了严格责任原则的内涵，为严格责任的适用创造了有利条件，通过立法确认污染环境罪属于严格责任犯罪也就顺理成章。

（二）其他环境犯罪应当适用过错责任原则

我国刑法规定的环境犯罪除了污染环境罪外，还包括非法处置进口固体废物罪，擅自进口固体废物罪，非法捕捞水产品罪，非法猎捕、杀害珍贵、濒危野生动物罪等，对于这些环境犯罪是否可以适用严格责任，笔者对此持否定态度，在此通过分析具体罪名进行论证。

非法处置进口固体废物罪，是指行为人违反国家规定，将境外的固体废物进境倾倒、堆放、处置的行为。通过前文分析可知，非法处置进口固体废物罪属于故意犯罪，并且属于行为犯。在具体犯罪构成上必须满足两个条件：一是行为人违反国家规定。二是行为人将境外的固体废物进境倾倒、堆放、处置。与污染环境罪往往表现出的因果关系复杂性和主观罪过难以认定不同，非法处置进口固体废物罪的行为人实施具体犯罪行为时，通过行为人倾倒、堆放、处置进口固体废物的事实，容易查清犯罪客观事实，而且行为人的行为方式也表明，实施犯罪的主观罪过容易认定，基于刑法的谦抑性，不应当适用严格责任原则。

擅自进口固体废物罪，是指未经国务院有关主管部门许可，擅自进口固体废物用作原料，造成重大环境污染事故，致使公私财产遭受重大损失或者严重危害人体健康的行为。在具体的犯罪构成上，该罪名必须满足以下三个条件：一是行为人未经国务院有关主管部门许可；二是行为人实施了擅自进口固体废物用作原料的行为；三是行为造成了重大环境污染事故，致使公私财产遭受重大损失或者严重危害人体健康。可见，该罪名属于结果犯，必须具有法定的危害结果出现时才成立犯罪。由于擅自进口固体废物罪的危害后果，必须是行为人擅自进口固体废物用作原料的行为导致，而行为人的犯罪行为容易查证，行为与危害结果之间的因果关系也非污染环境罪那么复杂，主观罪过容易认定，因此，擅自进口固体废物罪也不应当适用严格责任原则。

除了上述两种污染型环境犯罪和污染环境罪之外，刑法有关破坏环境资源保护罪一节的其他环境犯罪都属于破坏型环境犯罪。对于破坏型环境犯罪的主观方面，前文已经进行了论述，都属于故意犯罪，且与普通犯罪一样，破坏型环境犯罪的犯罪事实比较容易认定。

例如，非法捕捞水产品罪，是指行为人违反保护水产资源法规，在禁渔区、禁渔期或者使用禁止的工具、方法捕捞水产品，情节严重的行为。该罪的成立，必须是非法捕捞水产品的行为达到情节严重的程度。而且，行为人必须明知是在禁渔区、禁渔期或明知是适用禁止的工具、方法进行捕捞。非法猎捕、杀害珍贵、濒危野生动物罪，是指行为人猎捕、杀害国家重点保护的珍贵、濒危野生动物的行为。司法实践中，行为人在主观上必须明知是国家重点保护的珍贵、濒危野生动物而猎捕、杀害，但不要求行为人对野生动物的具体名称和珍贵级别有所认识。

除此之外，其他破坏型环境犯罪也具有类似的行为特点。具体而言，在非法收购、运输、出售珍贵、濒危野生动物、珍贵、濒危野生动物制品罪中，在行为方式上表现为收购、运输、出售。主观上，行为人必须认识到是国家重点保护的珍贵、濒危野生动物及其制品。非法狩猎罪中，行为人必须是在禁猎区、禁猎期或者使用禁用的工具、方法进行狩猎，破坏野生动物资源，且情节严重。非法占有农用地罪中，行为人必须具有非法占用农用地并改变被占用土地用途的行为，且数量较大，造成耕地、林地等农用地大量毁坏。非法采矿罪中，行为人必须是违反矿产资源法的规定，未取得采矿许可证擅自采矿，擅自进入国家规划矿区、对国民经济具有重要价值的矿区和他人矿区范围采矿，或擅自开采国家规定实行保护性开采的特定矿种，且情节严重。破坏性采矿罪中，行为人在行为上采取破坏性的开采方法开采矿产资源，且造成矿产资源严重破坏。非法采伐、毁坏国家重点保护植物罪中，行为人具有非法采伐、毁坏珍贵树木或者国家重点保护的其他植物的行为。非法收购、运输、加工、出售国家重点保护植物、国家重点保护植物制品罪中，行为人的行为表现为非法收购、运输、加工、出售珍贵树木或者国家重点保护的其他植物及其制品。盗伐林木罪中，行为方式表现为盗伐森林或者其他林木，且数量较大。滥伐林木罪中，行为人具有违反森林法的规定，滥伐森林或者其他林木的行为，且数量较大。非法收购、运输盗伐、滥伐的林木罪中，行为表现为非法收购、运输明知是盗伐、滥伐的林木，且情节严重的行为。

在以上破坏型环境犯罪中，犯罪对象都很具体、明了，对于生态资源的破坏比较直接，犯罪事实容易查清。而且，行为人的犯罪故意心态比较明显，通常都是为了获取利益而不惜破坏生态资源，行为的犯罪主观方面容易证明。犯罪因果关系也不像污染环境罪那么复杂，行为人的破坏行为直接就导致了生态资源的毁坏，在证明上不存在多大难度。正因如此，传统过错责任原则就可以对这些罪名的主观罪过进行认定。而严格责任作为一项相对严格的归责原则，不需要也不应当适用于破坏型环境犯罪中。

三、环境犯罪适用严格责任的刑罚规制

与传统归责原则相比，严格责任对犯罪主体的要求更加严格，入罪门槛相对较低。严格责任的适用是基于对社会公共利益的保护考虑，必然会在一定程度上不利于犯罪主体。因此，在环境犯罪中适用严格责任时，应当综合考虑惩治环境犯罪的主要目的和对犯罪主体合法权益的保护，相应的刑罚配置也应当与普通犯罪有所区别。

（一）自由刑的适用应当轻刑化

与故意杀人罪、故意伤害罪、抢劫罪等传统暴力性犯罪相比，环境犯罪的社会危害性和人身危险性要小很多，因此，环境犯罪的刑罚配置也相对较轻。例如，刑法对于污染环境罪的刑罚配置是“严重污染环境的，处三年以下有期徒刑或者拘役，并处或者单处罚金；后果特别严重的，处三年以上七年以下有期徒刑，并处罚金”。此外，从最高人民法院、最高人民检察院《关于办理环境污染刑事案件适用法律若干问题的解释》第 3 条关于污染环境罪中“后果特别严重”可能被判处 3 到 7 年有期徒刑和罚金刑的具体情形包括“致使一人以上死亡或者重度残疾的”可以看出，环境污染行为即便造成一人以上死亡的严重后果，污染者最高也只会被处以 7 年有期徒刑和罚金刑。污染环境罪在此种情形下的刑罚配置与过失致人死亡罪的刑罚配置相当，但在危害后果上，污染环境罪的“后果特别严重”除了可能导致一人以上死亡的严重后果外，环境污染行为对生态环境本身必然也会造成严重的污染后果。与过失致人死亡罪通常仅仅导致一人以上死亡的后果相比，污染环境罪“后果特别严重”的犯罪后果更为恶劣。因而，污染环境罪的刑罚配置也说明，对污染环境罪的立法主旨不在于惩罚为主。

实际上，当环境污染行为一旦造成了极其严重的犯罪后果时，多重的刑事处罚对于污染后果本身而言往往都无济于事。相

反，有效预防环境污染事件的发生，才是立法的主旨所在。正因如此，现行刑法修改了以往“重大环境污染事故罪”的结果犯立法，将其设置为污染环境罪这一危险犯，重在预防环境污染行为。污染环境罪的构成也不以严重的污染结果为犯罪成立的条件，只要污染行为达到《关于办理环境污染刑事案件适用法律若干问题的解释》第 1 条所列举“在饮用水水源一级保护区、自然保护区核心区排放、倾倒、处置有放射性的废物、含传染病病原体的废物、有毒物质的”“非法排放、倾倒、处置危险废物三吨以上的”等严重污染环境的情节，均可构成污染环境罪。换言之，只要存在这些非法排放、倾倒、处置相关污染物的行为，就构成犯罪。而且，严格责任在环境犯罪中的适用本身就是为了在社会公平与刑事司法效率之间寻求平衡点，出于对社会公共利益的保护和追求刑事司法效率而降低对环境犯罪的打击门槛，与传统刑事归责原则相比对行为人存在不利的一面，在刑罚配置上应当轻刑化。因此，对于污染环境犯罪适用较轻的自由刑是恰当之举。

主张在严格责任环境犯罪适用重刑的学者可能会认为，自由刑轻刑化可能会与刑罚的惩罚功能相违背，尤其是当污染型环境犯罪造成重大环境污染事故甚至严重侵害到公众生命健康权时，仅判处 7 年以下有期徒刑难免背离罪责行相适应原则。本书认为，刑法关于污染型环境犯罪尤其是污染环境罪的自由刑配置相对较轻，这不仅与刑法对于环境犯罪的惩治重在预防有着直接关系，而且从《关于办理环境污染刑事案件适用法律若干问题的解释》关于污染环境罪的犯罪情形可以看出，污染环境罪的犯罪既遂不要求危害结果的发生，只要环境污染行为具有严重污染环境的危险就构成犯罪。当环境污染行为一旦造成严重的犯罪后果，如造成众多人员伤亡或严重危及公共安全时，此时的犯罪性质已经不只简单的是环境污染问题了，而应当属于危害公共安全犯罪，可以以投放危险物质罪、以危险方法危害公共安全罪等重罪予以归责，由此一来就不会发生刑事处罚过轻的情况。

（二）罚金刑的适用应当采取倍数罚金制

然而，自由刑的适用是针对环境犯罪自然人主体而言的，本书主张严格责任仅适用于单位环境犯罪，那么这里的自由刑实际上是适用于单位环境犯罪中的单位主管人员或实施犯罪的直接责任人员，对于单位本身依法只适用罚金刑。实践中，对实施环境犯罪的单位适用罚金刑的数额一般不高，与犯罪单位的污染行为所造成的损失以及犯罪单位因犯罪所获取的不法利益不成比例。多数情况下，以罚代刑现象突出，且罚款数额微乎其微。例如，作为云南省昆明市百姓的主要饮用水和生活用水来源之一的滇池，曾一度遭受严重的水质污染，其原因主要是周边的生产企业非法排放污水所致。在 2011 年第三季度，有 15 家污染企业因环境污染受到处罚，但有关部门开出的罚单总罚金不过 8 万元，该 15 家企业中处罚最重者也只是被处以 2 万余元罚款。[①] 虽然污染的企业远不止数家，但由于相关行政处罚的罚款数额有限，总体上因污染而开出的罚款数额远不及因治理污染需要花费的人力、财力。据了解，国家投入治理云南滇池污染的费用高达数百亿元，而且治理成效甚微。[②] 又如，被告人沈阳塔山废电池熔炼厂污染环境罪一案中，该厂相关负责人在没有取得省级环境保护行政主管部门颁发的危险废物经营许可证的情况下，非法进行废铅酸电池的回收、拆解及再生铅的生产经营活动，相关人员将拆解废铅酸电池过程中产生的废水倒入厂区旁的排水沟，并将拆解的废铅片堆放在厂区中。废铅酸电池拆解后的相关产物已被明确列入《国家危险废物名录》，属于危险废物，危险特性为 T（毒性）。2014 年 7 月 10 日沈阳市公安局棋盘山风景旅游开发区分局满堂公安派出所在该厂区内扣押废旧蓄电池电瓶拆解的废铅片

---

① 云南网：《昆明加大环境污染处罚，15 家企业污染河道被罚》，载 https：//news. qq. com/a/20111110/000489. htm，最后访问时间 2014 年 8 月 11 日。

② 大洋网：《云南滇池污染治理 19 年费数百亿元无实质性进展》，载 http：//news. 163. com/12/1229/08/8JSJUAD60001124J. html，最后访问时间 2014 年 8 月 11 日。

1131.17 吨。一审法院以污染环境罪对该厂判处 10 万元罚金。[①]

违法成本过低对于犯罪单位的震慑力度不够，无法起到有效预防犯罪的作用，这无疑是犯罪单位对于环境污染明知故犯的主要原因。我国刑法关于环境犯罪的罚金刑规定也仅仅是“并处或单处罚金”“并处罚金”，虽然 2000 年 12 月 3 日颁布的最高人民法院《关于适用财产刑若干问题的规定》第 2 条规定：“人民法院应当根据犯罪情节，如违法所得数额、造成损失的大小等，并综合考虑犯罪分子缴纳罚金的能力，依法判处罚金。”《刑法》第 52 条也规定：“判处罚金，应当根据犯罪情节决定罚金数额。”但是这些规定只是一个宏观的指导性规定，对于环境犯罪适用罚金刑应当判处多少罚金数额没有做出明确的规定，相关司法解释也没有对罚金数额的具体适用做出解释。这是导致司法实践中环境犯罪的罚金刑无法发挥其应有作用的根本原因。我国刑法分则对罚金数额的规定主要表现为五种情形：无限额罚金制、限额罚金制、比例罚金制、倍数罚金制、倍比罚金制。其中，无限额罚金制对于罚金的具体数额没有进行具体限制，完全根据法官的自由裁量权进行判定，这正是当前实践所采取的方式，不利于对环境犯罪形成有效的制约机制。限额罚金制要求法院在规定的数额幅度内裁量罚金，如刑法关于出售、购买伪造的货币或明知是伪造的货币而运输的，处 3 年以下有期徒刑或者拘役，并处 2 万元以上 20 万元以下罚金。这种限额罚金制只是对罚金数额进行了限制，但往往与实际犯罪数额没有任何关系，在环境犯罪中当犯罪数额为 1 万元和 1000 万元时，都是在限额范围内判罚，不能体现罪责行相适应原则。比例罚金制和倍比罚金制的罚金数额可以低于实际犯罪数额，也不能有效发挥对犯罪行为的惩罚和预防作用。环境犯罪主体的直接目的一般是获取非法利益，因此，在对环境犯罪的惩治上应当以打击犯罪主体获取非法利益为主，使得犯罪分子得不偿失，不敢以破坏生态环境为代

---

① 参见《沈阳市浑南区人民法院刑事判决书》〔2014〕东陵刑初字第 522 号。

价赚取非法利润。而只有倍数罚金制才能从用根本上实现这一目的，打消行为主体的犯罪动机。据此，本书认为在适用严格责任的环境犯罪罚金刑中应当采用倍数罚金制，以犯罪金额的倍数决定罚金的数额。

（三）应当适当引入没收财产刑

没收财产刑是指将犯罪人所有财产的一部分或全部强制无常地收归国家所有的刑罚方法。根据我国刑法关于没收财产刑的规定，没收财产刑的适用一般是在判处主刑时并处没收财产。司法实践中，法官通常是根据具体的案情和犯罪分子的经济状况，综合考虑是否适用没收财产刑。在理论上，可以将没收财产刑分为选科式和并科式。所谓选科式是指在没收财产刑与其他刑罚中选用，例如，我国刑法关于抢夺罪的刑罚规定就包括“处十年以上有期徒刑或者无期徒刑，并处罚金或者没收财产”，即法官可以在判处主刑时选择同时并处罚金或者并处没收财产。并科式是指在判处主刑时同时判处没收财产刑，例如，刑法关于贪污罪的刑罚规定包括“处无期徒刑或者死刑，并处没收财产”，[①] 与罚金刑相比，没收财产刑是国家对犯罪人财产所有权的强制剥夺，对犯罪人生产和生活的影响往往更大，因此，没收财产刑通常适用于罪行相对较重的犯罪行为。从刑罚效果上看，没收财产刑使得犯罪分子失去了部分或全部个人财产，在严重影响其正常生产、生活的同时，也使得其在一定程度上丧失了再次犯罪的可能性，因此，具有预防犯罪的积极功效。

我国刑法关于环境犯罪的附加刑财产刑只规定了罚金刑，而没有规定没收财产刑，不利于有效打击环境犯罪。尤其是对于适用严格责任的环境犯罪，其犯罪主体均为单位，如果在附加刑财产刑的设置上除了规定罚金刑外同时引入没收财产刑，将更为合理。这是因为，一方面，实践中难免存在一些环境犯罪单位在被

---

① 陈兴良：《刑法总论精释》，人民法院出版社 2016 年版，第 764 页。

判处罚金刑后由于犯罪单位自身经济问题无法全款支付高昂的罚金，罚金刑的判罚往往就会得不到执行。另一方面，对环境犯罪主体的处罚，应当以保护生态环境为本位，重在预防犯罪，只有从根本上使得那些屡教不改的犯罪主体失去再犯可能性，才能实现这一预防目的。没收财产刑的适用，实际上是没收犯罪主体从事环境犯罪行为的犯罪工具，能够使得犯罪主体在一定程度上丧失犯罪能力。因此，在严格责任环境犯罪的刑罚配置中引入没收财产刑，让罚金刑和没收财产刑可以选用，那么办案法官就可以根据不同案件的实际情况分别判处罚金刑和财产刑。值得一提的是，没收财产刑是对犯罪主体部分或所有财产的强制没收，在环境犯罪中的适用结果必然影响到犯罪主体从事生产经营的能力，对于有效防止其再次实施环境犯罪固然有利，但从犯罪主体生产经营能力上看往往也是致命性的打击。因此，没收财产刑应当只适用于犯罪行为极其恶劣、社会危害性极其严重或者经 2 次以上行政处罚仍不改正的环境犯罪单位，避免适用范围过宽而不当地影响到社会经济的发展。

（四）探讨发展资格刑的适用

资格刑又称为名誉刑、权利刑，近代称之为褫夺公权。名誉刑突出对犯罪者荣誉称号、单位称号的剥夺；权利刑，主要是指对犯罪人一定权利的剥夺；褫夺公权，是指对犯罪人政治权利的剥夺。[①] 资格刑作为一种刑罚方法，其功能主要包括：第一，否定性政治评价。资格刑的基本内容之一，就是对犯罪人的一定政治权利的剥夺，这也是在诸多刑罚种类中资格刑所特有的刑罚功能。第二，再犯能力的剥夺。除了死刑外，对于普通刑罚而言，犯罪人通过一定期间刑罚的改造，刑满释放后也不一定会改造成守法的公民，实践中一些犯罪人经过改造后仍然会实施犯罪甚至以犯罪为业。资格刑的适用，在犯罪人刑满释放后的一定期间内

---

① 樊凤林主编：《刑罚通论》，中国政法大学出版社 1994 年版，第 239 页。

剥夺其再犯能力，能够有效实现特殊预防和继续改造犯罪人的效果，引导犯罪人正常回归社会。第三，保障国家机关信誉。这种功能是针对一些国家公职人员利用职权实施犯罪而言的，因国家公职人员利用职权实施的职务犯罪活动，严重损害了国家机关在社会上的信誉，资格刑的适用禁止这些犯罪人在一定时期担任国家公职，对于维护国家机关的信誉具有积极意义。①

我国现行刑法规定的主刑和附加刑中，只有剥夺政治权利和驱逐出境两种刑罚属于资格刑。司法实践中，对于行为人适用资格罚更多的是通过行政处罚的手段，即在适用刑罚前后同时由行政机关对行为人处以适当的行政资格处罚。但是，由法院依法判决的资格刑和行政机关依职权做出的资格罚决定在性质上存在差异，刑事司法的权威性和严肃性都远胜于行政处罚，而且资格刑所具有的严厉性和对行为人所产生的后果都是资格罚无法比拟的。就环境犯罪而言，资格刑在单位犯罪中的适用所产生的威慑力要远高于资格罚。而且，就环境犯罪单位而言，追求经济利益是其实施环境犯罪的重要动力，拥有生产资格则是企业能够实施环境犯罪的前提。资格刑的适用，将会使得生产企业丧失相关生产资格，使得企业无法继续生产，能够在根本上消除企业实施环境犯罪的可能性。

刑法修正案（九）在第 37 条之后增加一条，作为第 37 条之一规定：因利用职业便利实施犯罪，或者实施违背职业要求的特定义务的犯罪被判处刑罚的人民法院可以根据犯罪情况和预防再犯罪的需要，禁止其自刑罚执行完毕之日或者假释之日起从事相关职业……这一从业禁止性规定，为资格刑刑罚的拓展奠定了基础。对于环境犯罪而言，可以从以下几个方面设置资格刑：一是限制从事业务活动。具体包括限制犯罪单位的业务范围，根据环境犯罪行为的具体情况有针对性地限制犯罪单位从事相关业务的资格；限制生产规模，禁止犯罪单位在一定时间和地域扩大生

① 陈兴良：《刑法总论精释》，人民法院出版社 2016 年版，第 765 页。

产。二是停业整顿。停业整顿可以适用于犯罪情节一般，且可以通过整改使生产步入正轨的企业。与对自然人判处自由刑相类似，停业整顿实际上是给犯罪单位判处了一定期限的“自由刑”，让犯罪单位在该期限内改正错误，期限届满后能够合法地进行生产活动。三是强制解散。强制解散是从实体上解散犯罪单位，其刑罚效果相对于永久地剥夺了犯罪单位的生命，无异于死刑的严厉性。因此，在适用对象上，强制解散应当只适用于那些多次实施环境犯罪且屡教不改，很可能或已经给生态环境造成严重危害后果的犯罪单位。①

① 参见曾粤兴、周兆进：《环境犯罪单位资格刑立法探析》，载《科技与法律》2015 年第 2 期。

结　语

主客观相统一是我国刑法中判断行为是否构成犯罪的一项基本衡量标尺。主观罪过是刑事责任的基础，实际上，对于不具有主观罪过的行为人处以刑罚，也无法实现刑罚教育和改造犯罪人的目的，这样的刑罚往往只具备单纯的报应功能，不可能存在矫正功能，刑罚的特殊预防也就无法实现。因此，不具有主观罪过的行为显然不应当被视为犯罪。

早期的严格责任与绝对责任相互交织，使得一些法官和理论工作人员都未能将二者严格区分，而是经常混为一谈。[①] 绝对责任绝对不考虑被告人的主观过错，仅依据犯罪客观事实进行定罪，与我国刑法主客观相统一原则相违背，因此不应当作为我国刑法的归责原则。相对严格责任（本书所主张的严格责任是指相对严格责任）与绝对责任的最大区别就在于，相对严格责任在刑事归责上不需要控诉方证明被告人的主观过错，而是依据客观犯罪事实推定主观过错的存在；然而，由于推定只是一种法律上的可能性，而被告人也存在确实不具备犯罪主观过错的可能，因此，相对严格责任也同时赋予了被告人无过错辩护权。

与传统过错责任原则相比，本书所主张的严格责任不需要控诉方承担证明被告人主观过错的举证责任，实际上降低了控诉方的举证难度，对于打击犯罪，发挥刑法的社会保护机能具有重要价值。由于严格责任的适用，在降低控诉方举证难度的同时，对

---

① 李慧织：《比较法视野下的我国环境犯罪刑罚适用缺陷研究》；赵秉志：《当代刑事科学探索》（上），北京大学出版社 2010 年版，第 708 页。

于被告人合法权益也会造成一定的损害，影响刑法人权保障机能的发挥。但是，为了维护多数人的合法权益，基于社会公共利益的考虑，必须在刑法的社会保护机能和人权保障机能之间寻求权衡。严格责任正是基于社会公共利益的考虑，使得刑法的天平略向社会保护机能倾斜；同时，严格责任犯罪被告人享有无过错辩护权，使得其严厉程度较之于绝对责任更为轻缓，一定程度上也兼顾了刑法的人权保障机能。

严格责任只是在对犯罪主观要件证明上采取推定的方式，其本质与传统过错责任原则并无不同，与我国刑法总则的相关规定并不矛盾。我国环境污染现状的严峻形势，对严格责任的适用提出了现实需求，在我国环境犯罪中引入严格责任原则，也具有可行性。但是，传统过错责任原则要求控诉方承担被告人主观过错的举证责任，这与严格责任原则在归责方式上显然不同，因而，严格责任原则的适用，必须依法予以严格限制。由于自然人实施的环境犯罪的因果关系相对简单，主观罪过比较明显，应当适用传统过错责任原则。我国污染环境罪通常表现出行为专业性和隐蔽性、结果发生迟缓性、后果难以弥补性，且因果关系十分复杂，主观罪过难以认定，传统过错责任原则难以发挥作用，对于打击污染环境犯罪极其不利。而且具有这一特征的犯罪主体一般是法人，实践中通常以企业法人居多，因此，对于法人（主要是企业法人）实施的污染环境罪应当适用严格责任原则。除污染环境罪之外，由于我国刑法规定的其他环境犯罪的司法实践中，犯罪事实容易认定，因果关系比较清楚，在犯罪主观罪过的证明上应当适用传统过错责任原则。适用严格责任的环境犯罪在刑罚配置上应当轻型化，重在预防，通过采取倍数罚金制、引入没收财产刑、探讨发展资格刑的适用，使得严格责任环境犯罪的刑罚规则更加合理化。

参考文献

1. 著作类

［1］《马克思恩格斯选集》第1卷，人民出版社1995年版。

［2］高铭暄、马克昌：《刑法学》，北京大学出版社2017年版。

［3］高铭暄：《刑法专论》，高等教育出版社2006年版。

［4］高铭暄、赵秉志：《犯罪总论比较研究》，北京大学出版社2008年版。

［5］马克昌：《比较刑法原理》，武汉大学出版社2002年版。

［6］马克昌：《犯罪通论》，武汉大学出版社1999年版。

［7］马克昌：《刑法》，高等教育出版社2007年版。

［8］马克昌：《近代西方刑法学说史》，中国人民公安大学出版社2008年版。

［9］储槐植、江溯：《美国刑法》，北京大学出版社2012年版。

［10］储槐植：《刑事一体化论要》，北京大学出版社2007年版。

［11］陈光中：《刑事诉讼法》，北京大学出版社2012年版。

［12］樊崇义：《刑事诉讼法学》，中国政法大学出版社2009年版。

［13］樊崇义：《证据法学》，法律出版社2012年版。

［14］赵秉志：《犯罪总论问题探索》，法律出版社2003年版。

［15］赵秉志：《当代刑事科学探索》（上卷），北京大学出版社2010年版。

[16] 赵秉志:《英美刑法学》，科学出版社 2010 年版。

[17] 赵秉志、王秀梅、杜澎:《环境犯罪比较研究》，法律出版社 2004 年版。

[18] 赵秉志:《环境犯罪及其立法完善研究》，北京师范大学出版社 2011 年版。

[19] 曾粤兴:《刑法学方法的一般理论》，人民出版社 2005 年版。

[20] 韩忠谟:《刑法原理》，北京大学出版社 2009 年版。

[21] 张明楷:《外国刑法纲要》，清华大学出版社 2007 年版。

[22] 张明楷:《法益初论》，中国政法大学出版社 2003 年版。

[23] 张明楷:《刑法格言的展开》，北京大学出版社 2013 年版。

[24] 张明楷:《刑法学》，法律出版社 2011 年版。

[25] 陈兴良:《本体刑法学》，中国人民大学出版社 2011 年版。

[26] 陈兴良:《刑法的启蒙》，法律出版社 2003 年版。

[27] 陈兴良:《刑法哲学》，中国政法大学出版社 2004 年版。

[28] 陈兴良:《刑法总论精释》，人民法院出版社 2016 年版。

[29] 樊凤林主编:《刑罚通论》，中国政法大学出版社 1994 年版。

[30] 刘仁文:《环境资源保护与环境资源犯罪》，中信出版社 2004 年版。

[31] 刘仁文:《严格责任论》，中国政法大学出版社 2000 年版。

[32] 林山田:《刑法通论》(上册)，北京大学出版社 2012 年版。

[33] 刘士心:《美国刑法中的犯罪论原理》，人民出版社

2010 年版。

［34］肖中华：《犯罪构成及其关系论》，中国人民大学出版社 2000 年版。

［35］于洪伟：《违法性认识理论研究》，中国人民公安大学出版社 2007 年版。

［36］周光权：《注意义务研究》，中国政法大学出版社 1998 年版。

［37］曲新久：《刑法学原理》，高等教育出版社 2009 年版。

［38］梁根林：《刑事法网：扩张与限缩》，法律出版社 2005 年版。

［39］孙长永、黄维智、赖早兴：《刑事证明责任制度研究》，中国法制出版社 2009 年版。

［40］谢佑平：《刑事程序法哲学》，中国检察出版社 2010 年版。

［41］谢佑平：《刑事诉讼法学新论》，浙江大学出版社 2011 年版。

［42］谢佑平、万毅：《刑事诉讼法原则：程序正义的基石》，北京法律出版社 2002 年版。

［43］李立丰：《美国刑法犯意研究》，中国政法大学出版社 2009 年版。

［44］陈子平：《刑法总论》，中国人民大学出版社 2008 年版。

［45］张旭：《英美刑法论要》，清华大学出版社 2006 年版。

［46］李浩：《证据法学》，高等教育出版社 2009 年版。

［47］龙宗智：《刑事证明责任与推定》，中国检察出版社 2009 年版。

［48］徐祥民：《环境法学》，北京大学出版社 2005 年版。

［49］陈泉生、郑艺群、黄辉：《环境法哲学》，中国法制出版社 2012 年版。

［50］张梓太：《环境与资源保护法学》，北京大学出版社 2007 年版。

[51] 张梓太：《环境法律责任研究》，商务印书馆 2004 年版。

[52] 张云鹏：《刑事推定论》，法律出版社 2011 年版。

[53] 周少华：《刑法理性与规范技术——刑法功能的发生机理》，中国法制出版社 2007 年版。

[54] 李韧夫等：《中英美刑法基本问题比较研究》，法律出版社 2011 年版。

[55] 吕忠梅、徐祥民：《环境资源法论丛》，法律出版社 2005 年版。

[56] 叶俊荣：《环境政策与法律》，中国政法大学出版社 2003 年版。

[57] 何勤华、夏菲：《西方刑法史》，北京大学出版社 2006 年版。

[58] 李春雷、张鸿巍：《外国刑法学概论》，北京大学出版社 2011 年版。

[59] 姜伟：《罪过形式论》，北京大学出版社 2008 年版。

[60] 李希慧等：《环境犯罪研究》，知识产权出版社 2013 年版。

[61] 李希慧、董文辉、李冠煜：《环境犯罪研究》，知识产权出版社 2013 年版。

[62] 袁益波：《英国刑法的犯罪论纲》，知识产权出版社 2007 年版。

[63] 赵红艳：《环境犯罪定罪分析与思考》，人民出版社 2013 年版。

[64] 吴献萍：《环境犯罪与环境刑法》，知识产权出版社 2010 年版。

[65] 蒋兰香：《环境犯罪基本理论研究》，知识产权出版社 2008 年版。

[66] 蒋兰香：《环境刑法》，中国林业出版社 2004 年版。

[67] 蒋兰香、吴鹏飞、唐银亮：《环境刑法的效率分析》，中国政法大学出版社 2011 年版。

[68] 吕忠梅:《环境法新视野》，中国政法大学出版社 2007 年版。

[69] 焦艳鹏:《刑法生态法益论》，中国政法大学出版社 2012 年版。

[70] 吕欣:《环境刑法之立法反思与完善》，法律出版社 2012 年版。

[71] 冷罗生:《日本公害诉讼理论与案例评析》，商务印书馆 2005 年版。

[72] 王秀梅等:《美国刑法规则与实证解析》，中国法制出版社 2007 年版。

[73] 王秀梅、杜澎:《破坏环境资源保护罪》，中国人民公安大学出版社 1998 年版。

[74] 徐平:《环境刑法研究》，中国法制出版社 2007 年版。

[75] 汪劲:《中国环境法原理》，北京大学出版社 2000 年版。

[76] 赵国青:《外国环境法选编》，中国政法大学出版社 2000 年版。

[77] 刘斌斌、李清宇:《环境犯罪基本问题研究》，中国社会科学出版社 2012 年版。

[78] 杨春洗、向泽选、刘生荣:《危害环境罪的理论与实务》，高等教育出版社 1999 年版。

[79] 付立忠:《环境刑法学》，中国方正出版社 2001 年版。

[80] 肖剑鸣、欧阳光明、林芳惠:《比较环境法专论》，中国环境科学出版社 2004 年版。

[81] 冯军、李永伟等:《破坏环境资源保护罪研究》，科学出版社 2012 年版。

[82] 雷鑫:《生态现代化语境下的环境刑事责任研究》，知识产权出版社 2010 年版。

[83] 卢永鸿:《中国内地与香港环境犯罪的比较研究》，中国人民公安大学出版社 2005 年版。

[84] 吴峻:《英美刑法规则与判例》，中国检察出版社 2005

年版。

[85] 马荣春：《刑法诸问题的新界说》，中国检察出版社2007年版。

[86] 中国人民大学刑事法律科学研究中心编：《刑事法热点问题的国际视野》，北京大学出版社2010年版。

[87] 王利明：《民法总则研究》，中国人民大学出版社2003年版。

[88] 王利明：《侵权行为法研究》，中国人民大学出版社2004年版。

[89] 安宗林：《民事案例研究》，法律出版社2006年版。

[90] 杨立新：《侵权法论》，人民出版社2005年版。

[91] 杨立新：《侵权行为法》，中国法制出版社2006年版。

[92] 高圣平、管洪彦：《侵权责任法典型判例研究》，中国法制出版社2010年版。

[93] 国家法官学院：《法律教学案例精选2007年民事卷》，中国政法大学出版社2008年版。

[94] 黄松有：《侵权法司法解释实例解释》，人民法院出版社2006年版。

[95] 冯亚东：《理性主义与刑法模式》，中国政法大学出版社1999年版。

[96] [俄] 海格：《俄罗斯联邦刑法（总论）》，黄芳、刘阳、冯昆译，中国人民大学出版社2010年版。

[97] [日] 大塚仁：《刑法概说（总论）》，冯军译，中国人民大学出版社2003年版。

[98] [日] 大塚仁：《犯罪论的基本问题》，冯军译，中国政法大学出版社1993年版。

[99] [日] 西原春夫：《刑法的根基与哲学》，顾肖荣等译，法律出版社2004年版。

[100] [日] 西田典之：《日本刑法总论》，刘明祥、王昭武译，中国人民大学出版社2007年版。

[101]［日］原田尚彦：《环境法》，于敏译，法律出版社1999年版。

[102]［日］藤木英雄：《公害犯罪》，丛选功等译，中国政法大学出版社1992年版。

[103]［日］圆谷·峻：《判例形成的日本新侵权行为法》，赵莉译，法律出版社2008年版。

[104]［日］小野清一郎：《犯罪构成要件理论》，王泰译，中国人民公安大学出版社2004年版。

[105]［英］J. W. 塞西尔·特纳：《肯尼刑法原理》，王国庆等译，华夏出版社1998年版。

[106]［英］J. C. 史密斯、B. 霍根：《英国刑法》，李贵方等译，法律出版社2000年版。

[107]［英］鲁珀特·克罗斯、菲利普·A. 琼斯：《英国刑法导论》，赵秉志等译，中国人民大学出版社1991年版。

[108]［美］道格拉斯·N. 胡萨克：《刑法哲学》，谢望原译，中国人民公安大学出版社2004年版。

[109]［美］史蒂文·L. 伊曼纽尔：《刑法》，中信出版社2003年版。

[110]［美］E. 博登海默：《法理学——法哲学及其方法》，华夏出版社1987年版。

[111]［美］约书亚·德雷斯勒：《美国刑法精解》，王秀梅译，北京大学出版社2009年版。

[112]［美］William Burnham：《英美法导论》，林利芝译，台湾元照出版公司2005年版。

[113]［美］J. G. 阿巴克尔：《美国环境法手册》，文伯屏、宋迎跃译，中国环境科学出版社1988年版。

[114]［法］卡斯东·斯特法尼：《法国刑法总论精义》，罗结珍译，中国政法大学出版社1998年版。

[115]［法］孟德斯鸠：《论法的精神》，远方出版社2006年版。

［116］［丹麦］梅兰妮·弗里斯·詹森：《丹麦刑事法典》，魏汉涛译，武汉大学出版社 2011 年版。

［117］［意］切萨雷·贝卡里亚：《论犯罪与刑罚》，黄风译，北京大学出版社 2011 年版。

［118］［德］黑格尔：《法哲学原理》，范扬、张企泰译，商务印书馆 2009 年版。

［119］［德］克劳斯·罗克辛：《德国刑法学（总论）》，王世洲译，法律出版社 2005 年版。

［120］［德］克劳斯·罗克辛：《刑事政策与刑法体系》，蔡桂生译，中国人民大学出版社 2011 年版。

［121］［德］汉斯·普维庭：《现代证明责任问题》，吴越译，法律出版 2000 年版。

［122］［德］李斯特：《德国刑法教科书》，徐久生译，法律出版社 2006 年版。

2. 期刊论文

［1］王玉明、刘湘云：《美国环境治理中的政府协作及其借鉴》，载《经济论坛》2010 年第 5 期。

［2］王葆青：《感受日本环境治理与可持续发展》，载《中国人口·资源与环境》2003 年第 1 期。

［3］王秀梅：《台湾环境刑法与环境犯罪研究》，载《中国刑事法杂志》1999 年第 3 期。

［4］王秀梅：《环境犯罪刑事立法》，载《河北法学》1996 年第 1 期。

［5］王秀梅：《国际环境犯罪惩治的理论与实践》，载《外国法译评》1999 年第 3 期。

［6］王秀梅：《英美法系国家环境刑法与环境犯罪探究》，载《政法论坛》2000 年第 2 期。

［7］赵秉志、陈璐：《当代中国环境犯罪刑法立法及其完善研究》，载《现代法学》2011 年第 6 期。

［8］刘仁文：《刑法中的严格责任研究》，载《比较法研

究》2001 年第 1 期。

[9] 刘仁文：《我国环境犯罪初步研究》，载《法学研究》1994 年第 3 期。

[10] 卢顺珍：《德国环境刑事法律立法例之探讨》，载《牡丹江大学学报》2011 年第 8 期。

[11] 陈清浦、郭亚：《刑法中的严格责任若干问题研究》，载《北京化工大学学报（社会科学版）》2004 年第 1 期。

[12] 陈正云：《论英美刑法中的无过失责任》，载《中南政法大学学报》1993 年第 3 期。

[13] 黄广进：《英美刑法中的严格责任再辩证》，载《江南大学学报（人文社会科学版）》2006 年第 2 期。

[14] 张玉君：《跨国污染转移问题研究——基于日本核污染事故的环境法思考》，载《法制博览》2012 年第 4 期。

[15] 劳东燕：《公共政策与风险社会的刑法》，载《中国社会科学》2007 年第 3 期。

[16] 周立平：《略论刑事诉讼经济原则》，载《法学》1993 年第 2 期。

[17] 储槐植：《刑法例外规律及其他》，载《中外法学》1990 年第 1 期。

[18] 卞建林、韩旭：《刑事被告人证明责任研究》，载《法学论坛》2002 年第 3 期。

[19] 侯艳芳：《我国环境犯罪惩治中严格责任制度之否定研究》，载《河南大学学报（社会科学版）》2010 年第 4 期。

[20] 欧阳澍、杨开湘：《严格责任原则在环境刑法中的应用》，载《求索》2007 年第 9 期。

[21] 高铭暄、徐宏：《环境犯罪应当走上刑法“前台”——我国环境刑事立法体例之思考》，载《中国检察官》2010 年第 2 期。

[22] 雷鑫：《论环境犯罪适用严格责任的价值》，载《求索》2010 年第 4 期。

［23］龙敏：《公害犯罪认定中严格责任适用之探析》，载《内蒙古大学学报（哲学社会科学版）》2011 年第 3 期。

［24］陈清浦、郭亚：《刑法中的严格责任若干问题研究》，载《北京化工大学学报（社会科学版）》2004 年第 1 期。

［25］曲阳：《日本的公害刑法与环境刑法》，载《华东政法学校学报》2005 年第 3 期。

［26］张梓太：《环境犯罪归责的主观要件分析》，载《现代法学》2003 年第 5 期。

［27］苏敏华：《英美刑法严格责任考察》，载《犯罪研究》2004 年第 1 期。

［28］李涛洪、周晋凌：《环境犯罪构成要件与完善初探》，载《云南大学学报法学版》2012 年第 2 期。

［29］金永明：《日本环境刑法理论体系概要》，载《政治与法律》2004 年第 6 期。

［30］赵利民、刘晋叶：《环境刑法与环境犯罪》，载《山西财经大学学报》2002 年第 1 期。

［31］陈英慧、关凤荣：《中日环境犯罪问题比较》，载《河北法学》2009 年第 12 期。

［32］周珂、宋德新：《完善我国环境刑法的几点思考》，载《河南省政法管理干部学院学报》2009 年第 5 期。

［33］付立忠：《环境犯罪新论》，载《法律科学》1995 年第 2 期。

［34］邓文莉：《我国环境刑法中不宜适用严格责任原则》，载《法商研究》2003 年第 2 期。

［35］邓文莉：《污染环境犯罪的罪过问题探析》，载《求索》2004 年第 3 期。

［36］涂永前、韩梅洁：《潜伏性毒物致害侵权类型之环境毒物致害侵权研究》，载《河南省政法管理干部学院学报》2011 年第 4 期。

［37］张红艳：《环境犯罪的基本问题研究》，载《河南师范

大学学报（哲学社会科学版）》2009 年第 5 期。

[38] 付立忠：《环境刑事立法之我见》，载《政法论坛》1995 年第 5 期。

[39] 王韬：《论我国刑法中的严格责任》，载《河北经贸大学学报（综合版）》2012 年第 2 期。

[40] 杨春洗等：《中国环境犯罪的刑事治理》，载《法学家》1994 年第 6 期。

[41] 王晨：《我国刑法中规定了严格责任吗》，载《法学研究》1992 年第 6 期。

[42] 戚道孟：《有关环境犯罪刑事立法几个问题的思考》，载《南开学报（哲学社会科学版）》2000 年第 6 期。

[43] 马松建：《环境犯罪比较研究》，载《中国刑事法杂志》1999 年第 3 期。

[44] 谢治东：《环境犯罪的惩治与传统刑事归责原则的创新》，载《环境污染与防治》2006 年第 11 期。

[45] 王俊：《环境犯罪概念的展开》，载《云南大学学报（法学版）》2006 年第 6 期。

[46] 陈春娥：《重大环境污染事故罪的归责原则》，载《中共福建省委党校学报》2011 年第 9 期。

[47] 冯军、宋伟卫：《全球性环境危机与中国重大环境污染事故罪的立法完善》，载《河北大学学报（哲学社会科学版）》2010 年第 2 期。

[48] 张素英：《对污染环境犯罪立法完善的思考》，载《时代法学》2004 年第 5 期。

[49] 李劲：《我国环境犯罪刑罚制度的困境与完善》，载《渤海大学学报（哲学社会科学版）》2012 年第 5 期。

[50] 储槐植、汪永乐：《刑法因果关系研究》，载《中国法学》2001 年第 2 期。

[51] 陈兆开：《浅析环境犯罪的构成要件》，载《前沿》2003 年第 3 期。

[52] 张霞：《环境刑法中的因果关系推定原则探讨》，载《山东警察学院学报》2008 年第 4 期。

[53] 王灿发：《我国惩治环境犯罪立法亟待解决的几个问题》，载《中国法学》1996 年第 1 期。

[54] [日] 今井猛嘉：《环境犯罪》，李立众译，载《河南省政法管理干部学院学报》2010 年第 1 期。

[55] 杜澎：《环境刑法对传统刑法理念的冲击》，载《云南法学》2001 年第 1 期。

[56] 王秀红：《效率与公平——论环境法价值的冲突与协调》，载《广西社会科学》2005 年第 7 期。

[57] 孟伟：《环境刑法的伦理基础》，载《法商研究》2004 年第 6 期。

[58] 刘红、孙添坚：《海峡两岸环境犯罪之比较研究》，载《福建政法管理干部学院学报》2001 年第 4 期。

[59] 姜俊山：《论污染环境罪之立法完善》，载《法学杂志》2014 年第 3 期。

[60] 黎旸：《普通法刑法因果关系判断方法考察》，载《比较法研究》2012 年第 1 期。

[61] 蔡荣：《法经济学视野下刑罚体系的效益化改造》，载《学术探索》2018 年第 3 期。

3. 学位论文

[1] 秦荣萌：《当代刑法中的严格责任制度研究》，山东大学 2011 年硕士学位论文。

[2] 马岩：《探析英美刑法中的严格责任犯罪——兼谈对我国重大责任事故犯罪的借鉴》，广西大学 2011 年硕士学位论文。

[3] 何欣：《论国际环境犯罪的严格责任》，新疆大学 2007 年硕士学位论文。

[4] 隋秋敏：《严格责任制度检视——以我国刑法为视角》，吉林大学 2007 年硕士学位论文。

[5] 胡艳香：《外国侵权法中严格责任地位研究——兼论中

国的相关问题》，厦门大学2007年博士学位论文。

[6] 姜正扬：《环境犯罪之认定》，清华大学2003年博士学位论文。

[7] 李霞：《环境犯罪因果关系研究》，昆明理工大学2012年博士学位论文。

[8] 王军：《论侵权法上的严格责任》，对外经济贸易大学2006年博士学位论文。

[9] 李蕾：《论环境犯罪》，黑龙江大学2011年硕士学位论文。

[10] 姜俊山：《风险社会语境下的环境犯罪立法研究》，吉林大学2010年博士学位论文。

[11] 禹良：《论侵权法上过错责任与严格责任的界分——以严格责任的扩张为视角》，中国政法大学2012年硕士学位论文。

4. 报刊及网络文章

[1] 崔财鑫：《湛江破获猎杀老虎案，15人落网》，载《南方日报》2014年3月18日。

[2] 李湘荣：《被工业废渣侵蚀的保护区》，载《新京报》2014年11月22日。

[3] 陈杰：《回不去的家园》，载《新京报》2014年12月6日。

[4] 河北法院网：《四起环境污染典型案例》，载《中国环境报》2015年1月7日。

[5] 郄建荣：《环境犯罪为何游离于刑事处罚之外》，载《法制日报》2010年5月27日。

[6] 靳铃涵：《小区垃圾站现放射性金属，全楼遭辐射一人死亡》，载 http://life.gmw.cn/2014-05/10/content_11276539.htm，最后访问时间2014年8月11日。

[7] 董茂云：《法典法、判例法与中国的法典化道路》，载 http://www.110.com/ziliao/article-2855.html，最后访问时间

2014 年 8 月 11 日。

［8］王映：《四大公害诉讼，改写日本司法》，载 http：//www. legaldaily. com. cn/Frontier_ of_ law/content/2013 －02/26/content_ 4225036_ 2. htm，最后访问时间 2014 年 8 月 11 日。

［9］新浪网：《吉林石化特大爆炸事故及松花江特别重大水污染事件》，载 http：//news. sina. com. cn/c/2006 －12 －21/102811850923. shtml，最后访问时间 2014 年 8 月 11 日。

［10］刘瑞刚：《雾霾居首，盘点 2013 年中国六大环境事件》，载 http：//digi. it. sohu. com/20140213/n394911165_ 5. shtml。

［11］大洋网：《云南滇池污染治理 19 年费数百亿元无实质性进展》，载 http：//news. 163. com/12/1229/08/8JSJUAD60001124J. html，最后访问时间 2014 年 8 月 11 日。

［12］甘风云：《前锋区人民法院对一盗伐林木案作出一审判决》，载 http：//www. gazx. org/content/2014 －5/5/ 20145510151365443. htm，最后访问时间 2014 年 8 月 11 日。

［13］张志刚：《江苏 13 个隐秘污水排放口曝光，反映监管尴尬》，载 http：//www. chinanews. com/df/2013/12 －18/5634493. shtml，最后访问时间 2014 年 8 月 11 日。

［14］邓京荆：《云南阳宗海砷污染事件回放》，载 http：//www. chinadaily. com. cn/dfpd/2009 －06/03/content_ 9169588_ 2. htm.

［15］中国新闻网：《广西龙江河污染水体镉浓度峰值超标低于 20 倍》，载 http：//news. 163. com/12/0205/07/7PFTVA8800014JB6. html，最后访问时间 2014 年 8 月 11 日。

［16］新浪网：《吉林石化特大爆炸事故及松花江特别重大水污染事件》，载 http：//news. sina. com. cn/c/2006 －12 －21/102811850923. shtml，最后访问时间 2014 年 8 月 11 日。

5. 工具书

［1］《中国大百科全书·环境科学》，中国大百科全书出版社 1992 年版。

［2］李立众：《刑法一本通》，法律出版社 2013 年版。

[3]《中华人民共和国刑法》，法律出版社 2014 年版。

[4]《中华人民共和国刑事诉讼法》，中国法制出版社 2013 年版。

[5]《中华人民共和国环境保护法》，中国法制出版社 2014 年版。

[6]《中华人民共和国民法通则》，中国法制出版社 2011 年版。

[7]《中华人民共和国侵权责任法》，中国法制出版社 2013 年版。

[8]《澳大利亚联邦刑法典》，张旭等译，北京大学出版社 2006 年版。

[9]《捷克刑法典》，陈志军译，中国人民公安大学出版社 2011 年版。

[10]《希腊刑法典》，陈志军译，中国人民公安大学出版社 2010 年版。

[11]《日本刑法典》，张明楷译，法律出版社 2006 年版。

[12]《德国刑法典》，徐久生、庄敬华译，中国方正出版社 2004 年版。

[13]《芬兰刑法典》，肖怡译，北京大学出版社 2005 年版。

[14]《法国民法典》，罗结珍译，北京大学出版社 2010 年版。

[15]《马其顿共和国刑法典》，王立志译，中国人民公安大学出版社 2010 年版。

[16]《新加坡刑法》，刘涛、柯良栋译，北京大学出版社 2006 年版。

[17]《罗马利亚刑法典》，王秀梅、邱陵译，中国人民大学出版社 2007 年版。

[18]《最新意大利刑法典》，黄风译注，法律出版社 2007 年版。